上海教育丛书

体验成长之韵

——幼儿生命教育的创新实践

张爱莲 ◎ 著

上海教育出版社
SHANGHAI EDUCATIONAL
PUBLISHING HOUSE

《上海教育丛书》编委会

总　序

　　建设一流城市,需要一流教育。办好教育,最根本的是要建设好教师队伍和学校管理干部队伍。

　　在长期的教育实践中,上海市涌现了一大批长期耕耘在教育第一线,呕心沥血、努力探索,积累了丰富经验的优秀教师;涌现了一批领导学校卓有成效,有思想、有作为的优秀教育管理工作者。广大优秀教育工作者教育教学和管理工作的经验,凝聚着他们辛勤劳动的心血乃至毕生精力。为了帮助他们在立业、立德的基础上立言,确立他们的学术地位,使他们的经验能成为社会的共同财富,1994 年上海市领导决定,委托教育部门负责整理这些经验。为此,上海市教育局、上海市中小学幼儿教师奖励基金会组织成立《上海教育丛书》编辑委员会,并由吕型伟同志任主编,自当年起出版《上海教育丛书》(以下称《丛书》)。1995 年上海市教育委员会成立后,要求继续做好《丛书》的编辑出版工作。2008 年初,经上海市教育委员会领导同意,调整和充实了《丛书》编委会,并确定夏秀蓉同志任执行主编,协助主编工作。2014 年底,经上海市教育委员会领导同意,调整和充实了《丛书》编委会,确定尹后庆同志担任主编。至 2021 年 11 月,先后共编辑出版《丛书》137 册。《丛书》的内容涵盖了基础教育和中等职业教育的各个方面,包含有较高理论水平和学术价值的著作,涉及中小学教育、学前教育、师范教育、职业教育、校外教育和特殊教育,以及学校的领导管理与团队工作,还有弘扬祖国优秀文化、促进国际教育交流等方面的著作,体现了上海市中小学教育改革与发展的轨迹,体现了上海市中小学教育办学的水平与质量,体现了优秀教师和教育工作者的先进教育思想与丰富的实践经验。《丛书》出版后,受到广大教师、教育工作者及社会的欢迎。

为进一步搞好《丛书》的出版、宣传和推广工作,对今后继续出版的《丛书》,我们将结合上海教育进入优质均衡、转型发展新时期的特点,更加注重反映教育改革前沿的生动实践,更加注重典型性、实用性和可读性。希望《丛书》反映的教育思想、理念和观点能起到抛砖引玉的作用,引发大家的思考、议论和争鸣;更希望在超前理念、先进思想的统领下创造出的扎实行动和鲜活经验,能引领当前的教育教学改革工作,使《丛书》成为记录上海教育改革历程和成果的历史篇章,成为广大教师和教育工作者的良师益友。限于我们的认识和水平,《丛书》会有疏漏和不尽如人意之处,诚恳地希望广大读者提出宝贵意见,帮助我们共同把《丛书》编好。

《上海教育丛书》编委会

2021 年 11 月

序一

　　现在大家都在讲生命教育,生命教育确实很重要。生命是从出生就开始的,树苗正了,将来就会长成大树。人的生命是从母胎呱呱坠地开始的,因而婴幼儿的养育非常重要。我对婴幼儿养育没有什么研究,只能谈点自己的感想。我觉得,婴幼儿的养育以促进身体发育为先,使婴幼儿获得充分的营养,健康成长,但也要逐渐培养他们良好的生活习惯和健康的人格。幼儿到 2 岁的时候,就会有自己的要求,甚至还会出现叛逆行为。你让他讲卫生,他会故意把自己弄脏;他还会察言观色,应对大人的要求。如果大人处理得当,就能培养他们良好的性格;处理不当,就会让其养成不好的习惯,甚至产生心理问题。我曾有一位学生生了孩子不久就到日本进修去了,一年以后回国,发现孩子非常内向,这也不想做,那也不会干,非常没有自信,这都是爷爷奶奶惯出来的。于是,我的学生鼓励她的孩子去做去闯,孩子内向的性格直到小学中年级才逐渐被纠正过来。由此可见 0—3 岁教育的重要性,它会影响到孩子以后的发展。

　　改革开放前,托儿所仅仅是帮助女职工托管婴幼儿,还不属于真正意义上的教育机构。改革开放以后,在企业改革转型过程中,托儿所停办了。于是,随着 0—3 岁的教育越来越受到重视,有识之士开始办起 0—3 岁的早期教育机构。上海紫薇实验幼儿园就是这样一个机构。自 1997 年创办以来,紫薇实验幼儿园一边研究一边实践,提出了生命教育的理念。他们给生命教育赋予了诗一般的韵味,让孩子体验生命教育的求真、尚美、向善。

　　该书涉及对生命教育的理解、目标的设定、课程的设计、儿童的体验，内容十分丰富，创造了早期教育新的经验。

　　我就不多介绍了，请大家来读这本书吧。

2021 年 5 月

序二

　　爱,是教育的基石。教育并引导孩子认识生命、保护生命、尊重生命,提高生存技能、生活质量、生命价值,把热爱生命的种子从小播种在孩子的心田,这是教育必须应对的重要课题。收到张爱莲园长《体验成长之韵——幼儿生命教育的创新实践》书稿后,我看到了一位在幼儿教育领域辛勤耕耘近 40 年教师的教育智慧,看到了一位有着近 20 年管理经验的园长的倾心付出,也欣喜地从中发现了很多对破解当下教育工作难题有借鉴意义的好经验、好做法。我不由地心生感动,心生敬佩。

　　幼儿阶段是生命的起始阶段,在幼儿阶段开展生命教育,就是为孩子的一生成长、成才筑牢幸福底色,注入力量之源。紫薇实验幼儿园(以下简称"紫薇")的生命教育立足幼儿生活世界,贯穿 0—6 岁全时程,覆盖幼儿园、家庭、社区全方位,面向孩子、教师、家长全主体,并且尊重幼儿个体差异,注重传统文化熏陶感染,用生命教育开启幸福童年,用传统文化铸牢生命底色。

　　在教育实践中,紫薇注重儿童的真实体验,率先探索 0—3 岁婴幼儿生命教育,逐步开发并形成 0—3 岁起始生命教育系列内容和路径。在此基础上,聚焦 3—6 岁幼儿,逐步开发形成 3—6 岁幼儿多彩生命教育课程体系。紫薇从认识生命、热爱生命、尊重生命和保护生命四个内容维度,从对自己、对他人、对动植物和对环境四个对象维度,从小班、中班、大班三个年级维度,构建起纵横交织、有机衔接的生命教育课程结构。这其中,有体现"多彩生命树"的十单元主题课程、凸显个性发展的"多彩星期五"活动、强调生命体验的社会实践活动等等。同时,紫薇围绕多彩生命教育课程,构建起家园合作、园社合作、园际合作的育人生态共同体。这些内容具有很好的复制和推广价值。

教育理念和课程最终要落实到操作层面。紫薇将生命教育融入幼儿园的各项工作之中，构建了"主体交互、过程相通"的整体实施框架，探索出"151"管理育人模式，第一个"1"指以生命教育为主线，"5"指以文化建设、队伍建设、科研建设、生态建设和信息技术建设五个项目为支撑，最后一个"1"指以传统文化教育为内涵，形成以教育项目为引领的"五部三园"管理体系，真正地把生命教育融入办学治园的方方面面。

幼儿生命教育课程的整体实施框架涉及幼儿园的管理者、教师、家长，这些"紫薇人"戏称自己是"搞事情的人"。"搞事情"并不是某一个人、某一天、某一个节日的专属，而是教师们在践行生命教育理念中的每个时刻的感悟，也是生命教育课程框架中主体交互过程中全员参与生命教育的思考。和娃娃们一起"搞事情"的有时候是园长妈妈，有时候是带班老师，有时候是爸爸妈妈，有时候甚至是保安叔叔、社区劳动者。通过一件件小事情，一桩桩小惊喜，给孩子的童年营造热爱生命的氛围。我想这就是幼儿阶段全员育人的精髓所在吧。

总之，这是关于幼儿生命教育的一部非常精彩的著作，对幼儿教育管理者、一线教师甚至家长都很有帮助。翻开本书，相信你一定可以收获独属于自己的心得与启示。

是为序。

严伍庆

2021 年 5 月

序三

从事幼儿教育半辈子,探索生命教育数十载,今天我依然觉得我是个小学生。即便在此书出版前夕,我的心情依然如同一个仰望浩瀚星空的孩子一般,有震撼,有迷惑,有感动,更有无穷无尽的思考。

时光如水,生命如歌。当接到这本书的编写邀约时,我的脑海里浮现出的第一个字就是"韵"。正如各自闪烁的星星点亮夜空一样,我们每一个人都是生命长歌里的一个音符,谱写精彩的人生。在与每一位执着坚守、敏锐思考、积极探索的紫薇人共同见证和陪伴孩子们千差万别的生命成长的过程中,我深刻地体会到,生命之歌藏世间万象、道人间百味,生命之韵意境深远、绵延流长,时刻提醒我要心存敬畏、学无止境、行无所息。

紫薇实验幼儿园(以下简称"紫薇")自1997年创办至今,从未间断开展生命教育的理论研究和实践探索。从办园之初推行安全教育到2008年率先提出生命教育课程理念,从开创0—3岁起始生命教育课程到3—6岁多彩生命教育课程体系化,从家园合作的生命教育到园所、家庭、社区"三位一体"的生命教育,紫薇逐渐树立起幼儿园生命教育课程的品牌。

生命教育是求真、尚美、向善的诗意教育,是在有限生命里孕育无限可能的教育。它可以是一草一木、鸟啼蝉鸣、春华秋实,以园所建设的形式融入孩子们的日常生活中,以浸润式环境让他们感受自然的惬意和美好;它可以是课程教学、人文体验、游戏运动,以互动体验活动鼓励孩子们积极探索,并分享他们对生命纯粹的热爱但又独具个性的感悟,为自己的生命之歌奏响精彩的乐章……当我回顾紫薇的生命教育历程,那一张张灿烂的笑脸、一个个难忘的瞬间、一次次精彩的活动,如走马灯一般在我脑海里一幕幕闪过,一分一秒都弥足珍贵。

但当提到生命教育的时候,我们光有感性的视角和柔软的情怀是绝对不够的。只有高质量的乐谱,才能演绎出真正动人心弦的乐章,否则,任何环境建设、教学案例都只能成为孤独的音符。为了更好地整体推进幼儿生命教育,紫薇在以往管理的实践、反思、研讨的基础上,逐步构建起"五部三园"管理体系,并创造性地探索了一套"151"管理育人模式,它以学前大教育观为育人思想,以文化建设、队伍建设、科研建设、生态建设和信息技术建设五项工程为抓手,体现了紫薇生命教育的办园特色。

但哪有什么一帆风顺,谁的成长不疼痛?正如每一个孩子都需要挫折教育,紫薇人同样是在坎坷中成长,一路默默耕耘,静待满园花开。

"0—3岁婴幼儿教育和3—6岁幼儿园教育的异同有哪些?""在开展活动前,紫薇的教师是否切实了解婴幼儿身心发展特点?""在0—3岁教育活动中,家长发挥的作用是什么?"……至今,我还深刻记得,1998年,华东师范大学学前教育专家朱家雄在来园观摩了第一期紫薇0—3岁婴儿班后,向我们提出的这些问题。当时精心准备、热血澎湃的老师们除了羞愧难当之外,更多的是恍然大悟和感激,因为专家帮我们归正了思路和方向,我们开始重新反思如何秉持科学态度,尊重生命规律,关注个体差异,通过脚踏实地、循序渐进的研究和探索,不断完善生命教育课程,真正挖掘生命教育的特殊价值。令人欣慰的是,0—3岁婴幼儿生命教育已经是紫薇的一张名片。

二十多年来,这种直面批评、无惧挑战、不忘初心、勇往直前的精神始终伴随着紫薇人。面对各种各样的儿童意外伤害、暴力侵害、心理创伤等问题,我们深刻地感受到,我们从来没有像今天这样重视儿童生命教育,与之相关的理论研究和实践探索也从未具有如此重要且紧迫的现实意义。

必须直面的是,我国的生命教育整体起步较晚,尤其是幼儿阶段的生命教育理论研究和教育实践,至今仍然相对薄弱。先行者就是要通过不断试错、修正、提高,形成可复制、可推广的经验做法,来推动整个幼儿生命教育体系的高质量发展。这固然需要责任、毅力、大爱,但更离不开务实的精神、理性的态度和科学的方法。

　　我们可以自豪地说,紫薇持续二十多年的生命教育探索始终是由教育科研引领的,它不仅是顶层设计的导航仪,也是学校发展的监测器和助推器。回首来时路,学校的高起点发展、关键时刻的转型、现代化的办学理念、园本课程的建设,都得益于紫薇在各个发展时期因地制宜、因时而异的教育科研和高效务实的成果转化。

　　在整体、持续推进生命教育实践的过程中,紫薇逐渐探索出一条聚焦幼儿生命教育的教研、科研、导研"三位一体"的大教研模式。在教科研共同体中,园长亲自带头,教职工全员投入,园外专家深度参与,家长积极行动。在这一模式的推动下,紫薇从做课题到做课程,从做管理到做规划,从做特色科研项目到搭建特色课程体系,从幼儿园特色打造到特色幼儿园建设,不断推动生命教育研究升级。

　　这本书将从理论依据、思想内涵、方向目标、课程设置、实施路径、教育评价、管理体系等多方面,对紫薇生命教育理念进行了回顾总结和系统研究。通过这本书,我们希望让每一个读者都能够身临其境般地体验紫薇围绕生命教育的环境创设,如"薇爱气象台""薇爱喂鸟站""薇爱鱼池""薇爱小农田""薇爱百草园""爱莲妈妈聊天吧""紫薇音乐厅""优秀传统文化二十四节气"等体验环境。除了环境创设,我们更将生命教育的课程理念渗透到幼儿一日活动中,渗透到健康、语言、社会、科学、艺术五大领域中,并实现集体、小组和个别化等多种形式的结合。

　　值得强调的是,紫薇生命教育坚持"生活即教育"的理念,针对不同年龄段的幼儿身心发展特点而设计的课程体现了"尊重规律、生态育人、多元发展"的办园理念。这本书字字句句都凝聚着二十多年来全体紫薇人的智慧和心血,每一个生动、鲜活、具体的课程案例都在尝试为广大幼儿教师和家长提供实践思路和操作指南。

　　但作为园长,每天置身园所,行走其间,我都在思考一个问题,这也是我特别希望通过这本书与广大专家学者、幼教实践工作者和广大读者共同探讨和思考的问题:从时间与空间的维度来看,生命教育的"边界"到底在哪里?我们又是否可以越过物理的围墙,从知识到资源,从能力到技术,从线上到线下,去重新界定生命教育的"边界",去发展更多的合作伙伴,构筑全新的教育大生态呢?

从3—6岁的在园幼儿教育到0—6岁的婴幼儿一体化教养,我们开创了一条独特的起始之路;从聚焦幼儿的体格发育、智力开发、艺术培养到培养"健康、友爱、自信、达雅"的儿童,我们努力实现立德树人,幼有善育;从八小时的在园教育到不受时间、地点局限的在线课程,我们实现了让生命教育课程与家庭教育指导同频共振,并将优质教育资源辐射给更多有需要的人群;从开门办园把家长"引进来"的家园合作模式,到引导幼儿"走出去"进行社会体验的家庭、园所、社区一体化生态共育,不断拓展幼儿生命教育的空间和内涵……要知道,在"破圈"这个词尚未像今天这样全网刷屏前,紫薇的这些"越界"尝试是困难重重、压力满满的,但不管面临多少未知,经历多少坎坷甚至非议,我们都没有停止过思考和探索。

实际上,紫薇人之所以始终抱持这份信念和情怀,来源于我们始终坚持探索、践行大教育观的现代教育理念,并以此作为办园之基、治园之本。紫薇的大教育观体现为四重丰富的内涵:时间角度的0—6岁全时程教育,空间角度的园所、家庭、社会"三位一体"全方位教育,主体角度的幼儿快乐发展、教师持续发展和家长共同发展的多主体教育,发展角度的认知、情意、人格、品格、体格和谐发展的全人教育。

交响乐通常包含多个乐章,主题相互衔接又有所不同,我们每一个人从出生开始谱写的生命乐章亦如此。从婴幼儿的懵懂到青少年的欢快,从中年的雄浑到老年的深沉,人生浮沉正如曲调高低,而认识生命、感恩生命应当是贯穿其中的主旋律。这需要我们的生命教育要有全周期管理的意识,让教育从生命最初的一刻开始,贯穿人生的每一个阶段。

我们每一个人都是这首交响乐的一个组成音符,不仅包括作为受教育者的孩子,也包括作为父母、教师的成人。所以,围绕多元主体共同成长的目标,紫薇尝试构建以幼儿为中心的幼儿园,用生命教育擦亮生命底色,让孩子未来可期;建设以幼儿为中心的幼儿园,以生命教育提升专业素养,让教师前景可待;运营以幼儿园为中心的社区,将生命教育的优质资源向外辐射,家庭、园所、社区合作共赢。这些不是通过灌输、说教就能实现的，而是要通过潜移默化、持之以恒的生活体验才能实现。只有给每一个音符注入生命能量，才能真正奏响一曲和谐的生命教育交响乐。

从课题开题、案例整理到结构梳理、修改成书，这本书的面世是家庭、园所、社区共同努力的成果，许多人为之付出了大量心力，贡献了卓越智慧。

不忘初心，方得始终。最后，回归这个"韵"字，《说文解字》原无"韵"字，很多学者认为，"韵"最早应当是由"均"或"钧"字演变而来，而这两个字在古代就是用来调音的，这与生命教育所强调的和谐之美不谋而合。而在生命的起始阶段，我们的教育更是担千钧之责。行走半生，这份敬畏之心、审慎之心，于我从未变过。

岁月有诗，点滴藏爱。虽笔有千钧，但始终心怀柔情。继续一路与生命同行，塑造面向未来的教育，即是我作为一个园长的责任。择一事，终一世，与每一位孩子、教师、家长以及这座园所共同成长，分享生命感动，也是我能想到的最浪漫的事。

张爱莲

2021 年 5 月

目录

第一章

幼儿生命教育之旅——缘起与历程

上海市徐汇区紫薇实验幼儿园（以下简称"紫薇"）创办于1997年6月，是一所以学前教育大教育观为思想指引，以整体性实践幼儿生命教育为鲜明办学特色，率先探索托幼一体化办学模式，率先参与上海市大中小幼德育一体化研究与实践的学前教育专业机构，具有鲜明的不懈探索、实验创新的园所特质。

二十余载砥砺前行，我园何以选定并坚定幼儿生命教育的初心？生命教育的研究体现着什么样的教育情怀？走到今天，历经哪些发展阶段？如何在追寻"生命之树，满庭芳华"的发展愿景、在系统提升生命教育品质的幼有善育之旅中，继续不懈探索与前行？

恰如生命是一段美好旅程，我园的生命教育之旅也充满感人的故事、理性的思考、自觉的探求。

一、踏上生命教育的起始之路

（一）与生命教育结缘

1996年，对于大多数人而言，是平凡无奇的一年，但是对于紫薇人来说，却是难以忘却的一年。那年夏天，八名怀揣着教育梦想的工作者相聚在徐汇区的西南角，其中有来自不同幼儿园的教师，也有刚毕业的师范生。大家在老园长潘玲珠的带领下，酝酿筹建一所新型的学前教育机构。

1996年3月，潘玲珠园长找到张爱莲老师，商量要一起开办一所有特色的幼儿园。究竟要创办一所怎样的幼儿园？两位创始人陷入了沉思：

- 要跟别人不一样的、与众不同的；
- 要关注国外的先进教育理念和思想、与世界接轨的；
- 要关注婴幼儿生命成长和整体发展的；
- ……

经过多次推敲、深思熟虑后，两位创始人一拍即合，决定开办一所贯穿0—6岁全年龄段的托幼一体化的幼儿园。

梦想是美好的，现实是残酷的。从梦想到现实，其实困难重重。要创办一所前所未有的0—6岁的幼儿园，需要大量的前沿理念和科学育儿方法指导。

然而0—3岁婴幼儿集体教养几乎没有可参考的经验,教师们摸着石头过河。刚开始,大家认为,0—3岁的孩子比3—6岁的孩子年龄小一点,将教养难度降低一点就可以了,但是在实践中却屡屡碰壁。

就在一筹莫展的时候,潘玲珠园长和张爱莲老师一同拜访了上海医科大学附属儿科医院的刘湘云教授。刘教授认为,0—3岁婴幼儿的养育不是简单地将3—6岁的教养目标降低,而是要切实了解不同月龄阶段婴幼儿的身心特点,因为年龄越小,差异越大。刘教授建议教师们去查阅一些医学类相关书籍,从中寻找对教育有帮助的内容。

和刘教授的交流让教师们豁然开朗,她们开始在各个书店中寻找相关的资料。可以将这些书全部买下来吗? 最初的开园经费只有自筹资金5000元,已经让百废待兴的新园所有些捉襟见肘了,担负不起这些专业书的费用。为了节省经费,张爱莲老师只能带领教师们将书里的相关内容一字一句地摘抄下来。

通过摘抄和研读这些书,教师们领悟:原来0—3教育与3—6教育的差异远超想象。教师们知道了0—3岁婴幼儿的生理、心理特点后,打破原有的观念与做法,开启新思路。张爱莲老师更是先行先试,沿着婴幼儿的动作发展、感知觉、语言能力、心理发展等轨迹逐一寻找资料,进行深入研究。

创办学校需要教育理念的指导,然而当时对早期教育的研究零星琐碎,并且仅仅停留在对3—6岁幼儿的研究,再加上很多幼儿园连小班都没有,何谈0—3岁的教育?

即使前行的道路充满荆棘,但是大家满怀理想信念,相互鼓励,重拾激情。经过一年的努力,一条前人未走过的起始之路悄然开始修建。1997年6月,在社会的关注下,上海市第一所招收0—3岁婴幼儿父母的育儿学校正式开班了,同时全市第一所招收2—6岁幼儿的紫薇实验幼儿园正式开始招生。

在对0—3岁婴幼儿早期教养的研究中,紫薇人越来越关注婴幼儿的生理、心理特点与发展的基本规律,并逐渐意识到,婴幼儿早期教育一定是关注生命体成长规律的教育。

(二) 幼儿生命教育实践中的短板

1. 将生命教育等同于生死教育

美国的杰·唐纳·华特士(J.D. Walters)早在20世纪60年代就提出了生

命教育(education for life)的概念,是为了以此来解决青少年吸毒、艾滋病、自杀、暴力等问题。他在美国加利福尼亚州创办了第一所生命教育学校——阿南达智慧生活学校(Ananda Living Wisdom School),开始倡导并践行生命教育思想。1979 年,澳大利亚成立了"生命教育中心"(Life Education Center,简称LEC)。目前,该中心已经发展为一个国际性机构,在一些发达国家和地区拥有近两百个分支,中心的基本宗旨是防止药物滥用、暴力与艾滋病。受西方关于死亡问题研究的影响,日本在 20 世纪 70 年代兴起了生死学研究。1989 年,日本再次修订了《幼儿园教育大纲》,针对青少年的自杀、欺辱、杀人、破坏自然环境、浪费等现象日益严重的现实,明确提出,以尊重人的精神和对生命的敬畏来定位道德教育目标。① 德国和意大利同样非常重视"死亡教育"。意大利南方有一个叫阿戈瑙奈的城市,那里有世界上第一所"死亡准备学校",学校的办学宗旨是让人们通过对死亡的了解来从容面对死亡,从而更加珍惜生命,善待生命。德国就"死的准备教育"出版了专业教材,引导人们以坦然明智的态度面对死神的挑战。

2. 将生命教育窄化为安全教育

2004 年至 2007 年,辽宁、上海、湖南、黑龙江等地相继颁布了开展生命教育的相关文件,但其内容主要以保护生命的安全教育为主,且主要针对中小学阶段。针对学生安全意识淡薄和意外伤害事故频发的现象,有的研究者简单地认为,生命教育就是安全教育,目的是要发展学生保护生命的能力。② 还有学者针对学校教育以应试教育为中心、淡化体育和忽视学生身体素质的现象,认为生命教育即身体教育,生命教育应当重视探讨身体的教育学意蕴,帮助学生获得运动技能。

3. 基础教育阶段关注生命教育较多,其他教育阶段关注较少

近年来,学生跳楼或以其他方式自杀身亡的现象逐渐增多,年轻的生命如此轻易骤逝,国内一些学校纷纷呼吁开设生命教育课程,以帮助莘莘学子尊重生命、爱惜生命。学生突遇一点挫折、打击,就选择以终结生命作为解决方式,除了表明其心理的脆弱外,还跟学校、家庭乃至社会缺乏生命教育有关。

---

① 何仁富. 生命教育引论[M].北京:中国广播电视出版社,2010:2-3.
② 郑晓江. 生命教育事业的回顾与前瞻[J].郑州大学学报(哲学社会科学版),2011,44(3):5-7.

与学生个体自杀同样令人忧心的还有影响校园稳定、引起学生骚动的暴力事件,其根源就在于生命教育的缺失,施暴者不懂得尊重他人的生命。对自己生命的轻视必然伴随着对他人生命的轻视;对自己的身体缺乏尊重和珍惜,必然漠视他人的痛苦。暴力事件成为国内外倡议生命教育的又一社会背景。校园暴力与家庭、学校教育长期以来奉行成绩至上,对学生的生命关注不够有密切的关系,更与价值准则迷失与暴力文化泛滥等社会大环境直接相关。在这种氛围中,一些学生的情感、心灵和个性被忽略,体验不到生命存在的意义和价值,压抑的情感终有一天以不可预料的形式发泄出来。①

在社会大背景下,生命教育几乎集中在基础教育阶段,其他教育阶段关注较少,而婴幼儿阶段是最需要呵护的阶段,更需要对生命教育的系统研究。

另外,生命教育还存在两个明显的实践问题:一是在教育实践中,普遍重视学科知识教授,轻视学生自己的感悟体验;二是主要关注学校的生命教育,对家庭如何参与、家长如何进行生命教育的探究和实践较少,对社区及社会的共育作用更是忽视。

(三) 研究生命教育的情怀

罗素(Russell)认为,"凡是缺乏爱的地方,无论品格还是智慧都不能充分地或自由地发展"。教师对学生的爱是各级各类教育活动中最宝贵、最纯洁的情感,无时不滋润着学生的心田。正是这种爱,驱动紫薇人开启生命教育研究的历程。

理想的生命教育是聚焦生命,提升孩子生存能力、生活品质、生命价值的教育;是基于孩子生活,注重孩子体验、环境创设、家园合作的教育。我们希望,孩子们是健康的、有良好适应能力的、有社会性情感的、能自信表达、会感恩、心中充满爱;我们希望孩子们在童话般的诗意环境里生活成长、眺望前方、快乐启航、幸福远航;我们希望通过生命教育,孩子们懂得生命是可贵的、多彩的,每个生命都是有价值的,需要敬畏和尊重。

针对已有研究的不足,我园结合自身的研究与实践,确立了生命教育的定位,即在遵循孩子生命特性和成长规律的基础上,教育并引导孩子认识生命、保

---

① 范晓光,杨新虎.浅论生命教育的内涵、意义及实施路径[J].教学与管理,2011(15):8-9.

护生命、热爱生命、尊重生命,从而提高孩子生存技能、生活质量和生命价值。这是全面关照生命的人本教育,是以全人教育为核心,以"人与自我的关系""人与他人的关系""人与动植物的关系""人与环境的关系"四个横向维度和"认识生命""保护生命""热爱生命""尊重生命"四个纵向维度构成的有机教育整体。

教育家顾明远曾说过:"教育的本质是生命教育。"紫薇人对此十分认同,并且认为,关注生命的发展应该成为各级各类教育最根本的使命,生命教育理应成为各级各类教育的永恒主题。在幼儿园开展生命教育具有起始、基础和终身发展的特殊价值。学前工作者要关注生命,以生命体的基础发展规律为依据,为婴幼儿的生命成长、终身发展点亮一支生生不息、熠熠生辉的火炬,用生命影响生命。这是紫薇人不变的幼教情怀和教科研情怀。

紫薇人深深地爱着每一个孩子,关注着孩子们的生命成长。在张爱莲园长的日记中,有这样一段话:

回想当年第一期父母育儿学校,我接的是婴儿班,参加亲子活动都是还在襁褓中的三四个月的小婴儿。记得第一次活动下来,没有一个宝宝听着我的话给予反应的,我急了一身汗。活动结束后,我想了很多:我们的活动设计有没有考虑到参加活动的婴儿的生理、心理特点?有没有考虑到婴儿的感知与认知特点?有没有注意到婴儿需要睡觉、喝奶等生理需求?有没有尊重婴儿的生命特征?有没有关注到亲子之间的有效互动?

基于这些直接而深入的反思,教师们及时调整活动设计,如根据婴儿年龄特点,创设了婴儿听得懂的语言环境,并建立了婴儿班特有的作息时间安排,关注符合婴儿生长特点的早睡、喝奶等生理需求,还可以利用这段时间邀请家长针对近阶段敏感的话题进行专门讨论。经过一段时间的探索、实践、反思,逐步形成了符合婴儿生命成长规律的教养模式。这正体现了紫薇人一直孜孜不倦追求的"以儿童为本"的教育理念。

要把爱传递给孩子,教师先要懂得爱。教师只有怀揣着对生命的敬畏和热爱,才能够把爱传递给孩子。雨果(Hugo)曾说过,"人生是花,而爱是花蜜"。爱是教师与孩子之间的心灵纽带,是教育最好的基础,更是培养孩子健康个性发展的养料。每个孩子都是一株美丽的花,只有用爱的泉水去浇灌,这株花才能绽放得灿烂夺目。

真正的生命教育是理解和尊重孩子,当孩子有一些小问题的时候,不说教、不责备、不侮辱孩子,要为孩子创设解决问题的环境,提供解决问题的方法和工具,鼓励孩子用自己的方式解决问题。唯此,孩子才能真正实现自身的成长。基于这样的情怀和认识,紫薇人在生命教育研究之路上不懈地思考着、实践着。

二、生命教育的理论和实践借鉴

(一) 理论基础

1. 生态系统理论

布朗芬布伦纳(Urie Bronfenbrenner)在生态理论模型中,把人生活于其中并与之相互作用的不断变化的环境称为行为系统。[①] 该系统分为四个层次,由小到大分别是:微观系统、中间系统、外层系统和宏观系统。这四个层次是以行为系统对儿童发展的影响直接程度进行分界的,从微观系统到宏观系统,对儿童的影响也从直接到间接。第一个环境层次是最里层的微观系统,指个体活动和交往的直接环境,这个环境是不断变化和发展的。对大多数婴儿来说,微观系统仅限于家庭。随着他的不断成长,活动范围不断扩展,学校和同伴关系不断被纳入他的微观系统中来。对学生来说,学校是除了家庭以外对其影响最大的微观系统。第二个环境层次是中间系统,中间系统是指各微观系统之间的联系或相互关系。布朗芬布伦纳认为,如果微观系统之间有较强的积极的联系,发展可能实现最优化;相反,微观系统间的非积极的联系会产生消极的后果。第三个环境层次是外层系统,是指那些儿童并未直接参与但却对他们的发展产生影响的系统。例如,父母的工作环境就是外层系统影响因素,儿童在家庭的情感关系中可能会受到父母是否喜欢其工作的影响。第四个环境系统是宏观系统,指的是存在于以上三个系统中的文化、亚文化和社会环境。布朗芬布伦纳的模型还包括了时间维度,把时间作为研究个体成长中心理变化的参照体系,强调了要将时间和环境相结合来考察儿童发展的动态过程。

---

① BRONFENBRENNER U. The ecology of human development: experiment by nature and design. Cambridge, Mass: Harvard University Press, 1979: 3-4.

生态系统理论对生命教育具有重要启示。

启示之一,在微观系统里建立生命意识。微观系统指个体活动和交往的直接环境,这个环境是不断变化和发展的,是环境系统的最里层。生命情感是个体对待自我生命的基本态度,以及由此而生发的对待其他生命的态度。每一个人的生命都是一个未知的迷宫,并具有可塑性。如何把每个人人性中的真善美潜质挖掘出来,从而让人性趋向完善和高尚,是生命教育的旨趣所在。教师所做的就是倾听和对话,让孩子在完全敞开自我的状态下了解自己生命的本质和意义,即作为一个独立的、有感情、有思想的生命个体,每个人都有存在的权利和价值,还要清楚自己在成长过程中生理和心理上的变化和成长的规律,知道生命的唯一性和不可逆性,树立生命信仰,热爱生命,努力实现自己的生命价值。

启示之二,在中间系统里拓宽生命视野。生态系统理论第二个环境层次是中间系统,这是由各个微观系统之间的联系或相互关系构成的。如果微观系统之间有较强的积极的相互关系,结果可能向着最优化的情况发展。反之,如果微观系统间存在着非积极的相互关系,结果可能会是消极的。孩子应当学会在一生中都能维持好自己与他人生命关系的技能。因为在这个世界上,每个个体都不可能不依赖于他人而独立生活,每个生命之间都是紧密相连的。

启示之三,在宏观系统里增强生命体验。宏观系统特指存在于微观系统、中间系统和外层系统这三个系统中的文化和社会环境等。孩子要学着处理自己与外部环境的关系,学会尊重自然、敬畏自然。

另外,生态系统理论对生命教育的启示还在于,要加强家庭、园所、社区的深度合作。教育共同体的建构与形成可以整合教育资源,为孩子的发展创造一个良好的环境,促进其身心全面、健康、和谐地发展。

2. 活动理论

苏联心理学家列昂节夫(Alexei Nikolaevich Leontyev)从 20 世纪 30 年代开始研究活动理论,并于 1975 年出版了《活动　意识　个性》一书,系统地阐释了活动是心理发生发展根本性的、具有发端性质的基本单元。活动理论是以"活动"为逻辑起点和中心范畴,来研究和解释人的心理的发生发展问题的心理学理论,认为"活动"是主体为了一个特定的目标而进行的努力。儿童发展的每个阶段都是由主导活动来标志的,也就是说,在特定的文化环境中,主导活动在儿童发展的每个年龄阶段都发挥着重要作用。主导活动是由儿童的主导动机驱动的,在主导活动的调节过程中,儿童发展出超越现有主导活动水平的新的主导动机、新的心理过程和能力。

从个人的参与程度来看,活动可以由低到高划分为三个层次:经历活动、经验活动和体验活动。其中,只有体验活动才能实现生命教育的目标,培养学生良好的生命素质。陈佑清在《体验及其生成》一文中指出,体验是素质形成与发展的核心环节,因为体验是"一种注入了生命意识的经验",是"以身体之,以心验之",是人对已有的心理结构的调整、改造和丰富的过程。① 正确地组织体验活动并在活动中正确地采用评价机制,是实现儿童发展的基本方式。

活动理论对生命教育的启示主要在于,生命教育不是生硬地教授,而是根据儿童的年龄特点,从体验入手开展教育。作为生命最为基础的模式,体验一直伴随着个体的成长,并发挥着重要的引导作用。体验具有主体性、生活性、情感性和互动性,是生命个体的"在场",是主体在生活领域中实现"我"与"你"的情感交流和生命互动,是在感性体验与理性认知的辩证统一中理解生命真、善、美的本质意义。我园曾对生命教育效果进行了三次调查,结果发现,孩子的发展是从体验开始的。体验为孩子创设了自己的生活世界,引导孩子投身于生命教育的活动,让孩子在与环境进行互动的过程中,获得对生命的认识和体验。

3. 情境学习理论

情境学习理论是 20 世纪 90 年代以来当代西方学习理论的研究热点,该理论融合了社会建构主义与人类学视角的学习观点。著名代表人物莱夫(Lave)、温格(Wenger)在学习理论名著《情境学习:合法的边缘性参与》一书中,描述了一个新手成长为某一实践共同体核心成员的历程。② 该理论提出了关于学习的新隐喻:学习是合法地参与实践共同体,学习是一个社会协商的过程。③ 知识的意义连同学习者自身的意识与角色,都是在学习者和学习情境的互动、学习者与学习者之间的互动过程中生成的。学习不能被简单地视为把抽象的、去情境化的知识从一个人传递给另外一个人,学习是一个社会性的过程,知识在这个过程中是由大家共同建构的;学习总是处于一个特定的情境中,渗透在特定的

① 陈佑清.体验及其生成[J].教育研究与实验,2002(2):11-16.
② 李翠白.西方情境学习理论的发展与应用反思[J].电化教育研究,2006(9):20-24.
③ 崔允漷,王中男.学习如何发生:情境学习理论的诠释[J].教育科学研究,2012(7):28-32.

社会和自然环境中。

课堂依然是生命教育的主渠道,教育者应弘扬课堂教学的主渠道功能,通过情境创设和任务模拟来设计课堂,结合现实生活,让学生设身处地地在各种情境中获得生命认知、生命感悟,从而促进教学效果的提升。但仅有课堂教学是不够的,生命教育的更多内容还要通过课下和课外实践活动展开。例如,课下的团体辅导活动、各类校园文化活动都可以加强学生的生命教育。课外的丰富社会实践活动更是学生参与真实情境、检验生命教育成果的必要途径。①

情境学习理论给生命教育的启示主要体现在以下几方面:

首先,创设情境是顺利进行生命教育的前提。教师创设的情境一定要富有感染力,使生命教育的内容贴近学生实际,具体、生动、新颖的活动既能激发学生参与的兴趣,又能让其产生心灵上的震撼和情感上的碰撞。

其次,学生的活动体验、自主探究是关键。情境学习理论提倡参与真实实践过程,学生在参与情境的过程中形成切身的感受。

再次,践行体验是目的。通过一系列的生命教育手段,最终目标是让学生把获得的体验和认知内化为自己思想的一部分,并最终外化为自己的行为。②

(二) 实践借鉴

1. 国外生命教育实践

国外对生命教育的实践开始得较早。华特士早在 20 世纪 60 年代就提出了生命教育,并在美国加利福尼亚州创办了第一所生命教育学校——阿南达智慧生活学校,开始倡导并践行生命教育思想。经过多年的发展,美国在生命教育内容上有非常大的拓展,包括直面生命的死亡教育、珍惜生命的品格教育、和谐身心的健康教育、增强承受力的挫折教育、尊重生命的个性化教育,等等。在生命教育实施的途径与方式上,美国基本以课堂教学为主渠道,注重不同学科、课程间的相互交叉渗透,并加强社会实践活动,将知识传授与亲身实践结合起来、显性课程与隐性课程结合起来、必修课程与选修课程结合起来。在生命教育的方法上,美国的学者和教育者一致认为,生命教育仅靠理论说教和课堂灌

---

① 关丽.基于情境学习理论的大学生生命观教育研究[J].教学理论,2018(4):234 - 235.

② 关丽.情境学习理论下的大学生生命观教育维度分析[J].教育教学论坛,2018(33):266 - 267.

输是不能完成的,还应采用亲身体验法、讨论法、角色扮演法、生命叙事法等方法进行,才会取得好的效果。另外,美国也形成了比较成熟的学校、家庭、社会密切配合的生命教育体系。① 1990 年,英国将生命教育课程规定为跨领域课程。2002 年,生命教育被英国政府纳入国家和学校的正规教育课程。英国著名的威尔斯大学哲学研究所和神学、宗教研究所合作开设了"死亡与永恒"的硕士课程。②

总体来看,国外生命教育是以引发人们对生命的热爱、消解生命威胁为目的而开展的一种社会性教育,重在养成一种健康的生活方式,教育目的平实,有极强的现实性、针对性。同时,国外往往把生命教育作为一种教育理念,在学校实际的教育实践中,通常采用"健康教育""品格教育""生计教育"等小切入口的教育模式推进。③

2. 国内生命教育实践

国内生命教育的实践,台湾和香港起步较早。1976 年,台湾地区民间团体从日本引入"生死学"的相关内容,但当时并没有引起太多的关注。直到 1996 年前后,青少年自杀以及校园暴力等事件频频发生,生命教育才受到当地教育部门的重视。台湾的陈英豪率先提出"生命教育"的概念,1998 年开始,生命教育在台湾地区的中学全面展开。曾志朗(时任台湾当局教育事务主管部门负责人)甚至把 2001 年定为"生命教育年"。何福田编写的《生命教育论丛》一书总结了台湾地区部分中小学校长在生命教育中的实践经验。台湾地区的大学生命教育实践多以课程的形式进行,如 2004 年台湾东海大学就开设了生命教育类课程,该课程分为必修课程和选修课程两类,必修课程有"生命教育概论""生命发展与关怀"和"自然科学与信仰"等,选修课程有宗教、伦理、生死教育、自我成长与人际互动和服务实践等,涉及领域极其宽泛。目前,生命教育已成为台湾地区普遍设置的教育科目。

亚洲金融危机造成的高失业率和高自杀率是香港特区开展生命教育研究的直接原因。1999 年,香港中文大学开展"优质生命教育"活动,生命教育真正

---

① 张鸿燕.美国开展生命教育的做法及启示[J].北京教育:德育,2011(06):78 - 80.

② 李芳,李洋,孙莹炜.大学生生命观教育的历史与现状综述[J].北京教育:德育,2010(11):14 - 16.

③ 褚惠萍.当代大学生生命教育研究[D].南京:南京师范大学,2014.

在香港开枝散叶。2002 年,香港成立"生命教育中心",与民间团体、社会福利团体和教会组织一起开展生命教育活动。香港宗教教育中心发起的"亲亲孩子、亲亲书"的生命教育计划以及举办的"走出生命迷惑——谈生命教育的意义与实施成效座谈会",引起巨大反响。当前,香港特区的教育也具有广泛的生命教育内容,如伦理教育、生命健康、公民教育等。

　　国内其他地区生命教育兴起于 20 世纪 90 年代,学者们从关注生命与教育的内在关系出发,从不同的视角和领域开展了生命教育的理论和实践研究。从 2004 年至 2007 年,是从引入生命教育的理念和课堂教学模式过渡到具体实施生命教育教学实践的阶段。[①] 2004 年至 2007 年,辽宁、上海、湖南、黑龙江等地均颁布了开展生命教育的相关文件,但其内容主要是生命安全教育,教学对象主要是中小学学生。2008 年 5 月,云南省开展了"三生教育"(生命教育、生存教育和生活教育)。"三生教育"拓宽了生命教育的内涵,使生命教育不再仅限于安全教育的范畴,它是生命教育实践活动的重大突破。此外,高校也开展了大学生生命教育的实践探索。2005 年,江西师范大学道德与人生研究所开设了"生死教育与生死哲学"全校公选课;2007 年,武汉大学顾海良教授编辑《生命教育大学生读本》,并在武汉大学开设通识课;2008 年,浙江传媒学院成立"生命学与生命教育研究所",这是专门的生命教育与实践机构;同年,南京师范大学道德教育研究所举办"公民教育与心灵教育"国际性论坛,探讨如何培养适应社会发展需要的公民;2010 年,吉林大学开设"生死哲学与生命教育"选修课;在同一年,肖川教授成立北京师范大学生命教育研究中心,以此为平台,挖掘生命教育课程资源,传播生命教育理念,推动生命教育实践活动不断开展,等等。

　　由此可见,我国的生命教育从基础教育阶段拓展到高等教育阶段,且高校生命教育主要以课堂为载体开展,生命教育实践活动较少。[②]

　　国内外这些实践探索给予我园以重要的借鉴和启迪。

---

① 郑晓江.生命教育事业的回顾与前瞻[J].郑州大学学报(哲学社会科学版),2011,44(3):5-7.
② 李亚文.当代大学生生命教育现状及对策研究[D].上海:华东师范大学,2018:6.

三、生命教育的探索历程

从办园之初探索尊重儿童生命成长规律的教育到研究儿童生命成长安全的教育,再到整体推进的幼儿生命教育的园本化研究与探索,我园的生命教育研究是一个持续推进、不断创新并与幼儿园整体发展互促并进的过程。

我园对生命教育的研究探索可以相对分为以下三个阶段。

(一) 生命教育初期探索

从1997年到2007年,这十年,我园围绕"谋篇布局定位发展,生命教育起始积淀"的主题,聚焦婴幼儿早期教养问题的研究。教师们曾经为了布置园所亲手缝制过窗帘,也曾经在路灯下骑车去书店研读理论。其间,教师们遇到过困难和瓶颈,也体会到成功的惊喜。回首来时路,有几个关键事件影响着我园前进的步伐。

1. 父母育儿学校的创建

什么是父母育儿学校?顾名思义,它是一所父母参加的学校,父母在学校里学习如何科学地养育自己的子女。为什么要把父母育儿学校作为0—3岁婴幼儿早期教育的办学模式呢?张爱莲园长说了这样的一个故事:

偶然一次机会,我得知上海市普通教育研究所有一个家庭教育指导培训班,培训班邀请了教育科研界的专家李洪曾老师来进行培训,我也慕名参加了这个培训班。在第一次活动中,李洪曾老师让学员介绍自己准备研究什么课题,怎么开展研究。当时,我提出想进行"0—3岁婴幼儿教育"的课题。紧接着,李洪曾老师问我具体准备怎么落实。我将自己准备如何在周末育儿班中对婴幼儿进行指导的思考进行了一一阐述。我认为,我的讲述是从理论出发,也有实践操作价值的。听了我的讲述后,李洪曾老师提出了一个疑问:这么做是否符合婴幼儿的年龄特点?我想,语言描述不如现场指导,于是我邀请李洪曾老师来紫薇实验幼儿园看我们的现场活动。

在观摩了我们的执教活动后,李洪曾老师一针见血地给出建议:我们现在要解决的不光是孩子的问题,更重要的是解决家长的问题,要调整思路,由指导孩子转变为指导家长,改变家长对0—3岁婴幼儿的教育理念和方法。沿着这一思路，我们的教研团队进入了一轮又一轮的研究和讨论。

在专家的指导下，我园有了新的思考。家庭育儿存在的不足体现在：一是隔代养育，年轻父母都需要工作，所以祖辈是婴幼儿教养的主力军，而随着社会的发展，老一辈的经验难以满足婴幼儿发展的新需求；二是年轻父母自身教育经验单一，初为人父人母，他们缺乏科学育儿的能力储备。而早期教育，其直接对象是孩子，间接对象是年轻父母，所以0—3岁婴幼儿早期教养课程的实施必然离不开婴幼儿父母的参与。为此，我园创建了父母育儿学校。

父母育儿学校招收的是0—3岁婴幼儿的父母（或其他抚育者），旨在通过指导者（教师）指导父母（或其他抚育者），再由父母（或其他抚育者）指导0—3岁婴幼儿，以最终达到开发0—3岁婴幼儿智能和体能的目的。在整个指导过程中，教师和父母实现双向互动、共同提高、持续发展。

父母利用双休日来父母育儿学校，与婴幼儿一起游戏，在专家个别化、个性化的指导中，接受现代育儿的理念，积累科学育儿的知识。在这个过程中，学校与家庭、教师与父母融为一体，共同创设适宜婴幼儿发展的条件与环境，提升0—3岁婴幼儿早期教育的品质。

父母育儿学校的影响越来越大，上海市内各区都有家长慕名前来参加活动，周边省市也有家长带孩子来参加亲子活动，甚至教育界的同行也从全国各地来园观摩父母育儿学校的亲子活动。"顺其成长，适性教养"是我园秉持的教育理念，父母育儿学校遵循婴幼儿发展的特点和规律，引导家长如何适时、适度、适宜地教养指导，从而为婴幼儿未来的发展夯实基础。

2."小小班"的诞生

从1997年创建父母育儿学校开始，我园就以其特有的风貌、独特的文化，在幼儿教育百花园中绽放风采。这样的幼儿园，孩子们越来越喜欢，家长们越来越信任。当只有双休日开班的父母育儿学校满足不了家长们的需求时，一个全新的改革正酝酿而生，那就是开设"小小班"，开始积极探索托幼一体化之旅。

春去夏至，临近6月，一个学期迎来尾声。一次活动结束后，一个参与父母育儿学校亲子活动的孩子牵着爸爸妈妈的手从楼梯上走下来。

"妈妈，幼儿园好好玩！我可不可以天天来？"孩子满怀期待地说。

"宝宝，你还没有到上幼儿园的年龄哦，等到明年这个时候，我们就可以来幼儿园报名，这样就可以天天来啦！"

"不要,我现在就想天天来!"孩子带着哭腔又着急、又生气地说。

"宝宝不要着急,等你再长大一点,妈妈再带你来。"妈妈一边耐心地劝着孩子,一边带着孩子一步步走远了⋯⋯

听着这一对母子的对话,我和潘园长心里都有着说不出的滋味。我们高兴的是,孩子和家长都非常喜欢紫薇实验幼儿园,这是对幼儿园最大的认可。我们也很遗憾,因为不能让喜欢我们的孩子早点到幼儿园里来。

回想我们办园时的初心,就是要办一所0—6岁全年龄段的幼儿园,要办一所非同寻常的幼儿园。可是,在父母育儿学校和普通的学前教育阶段中间,还是存在着断层。怎么办呢?凭借着一股冲劲和对教育的勇气与信念,我对潘园长说:"潘园长,我们可不可以超前招生?"

"超前招不到3岁的幼儿吗?这个我们没有招收过哦!"潘园长有些踌躇不定。

"你看刚才的那个孩子,多希望来幼儿园,我们是不是可以满足这样的孩子,让他们提早接受幼儿园教育?"我提出了自己的建议。

"招进来叫什么班呢?"潘园长问。

"比小班小,就叫'小小班'。"我回答道。

"没有正式的课程,没有人正式带过,让谁来带这个班呢?"潘园长思考道。

"我和王之君老师一起带,我相信,我们可以做好的。"就这样,凭借着对幼儿教育的初心和热情,我承担下了这个任务。我明白,前方会有很多的困难与挑战,但是我相信,我们一定可以做好。在这样的背景下,紫薇实验幼儿园开创了上海市第一个"小小班",迎来了一批2—3岁的孩子,开启了他们的幼儿园生活。

(园长　张爱莲)

我园对0—3岁婴幼儿早期教养的研究,弥补了上海乃至全国早期教养研究领域的不足,形成了大量的0—3岁家庭教育指导课程内容和实践案例,对实践工作具有重要指导意义,特别是父母育儿学校的建立及管理的研究,给予相关早教机构办学模式上的引领与示范;还发表了《0—3岁婴幼儿家庭教育指导》《0—3岁亲子学院的管理与研究》《0—3个月小婴儿早期家庭教养指导》等多篇研究论文,形成了生命教育的最初成果。

（二）生命教育整体实践

从 2008 年到 2018 年,我园围绕"转型发展打造特色,生命教育整体实践"的主题不断前行,在 0—3 岁生命教育课程研究的基础上,进一步聚焦 3—6 岁多彩生命教育课程的探索,整体推进幼儿生命教育的实践与研究。

1. 安全教育研究开始聚焦生命教育的内核

在日常的办园和教学研究实践中,我园一直关注婴幼儿的健康与安全问题,因为社会上各类儿童意外伤害事故层出不穷,儿童安全教育的形势严峻。而在当时,幼儿园阶段安全教育的研究并不多见,而在高校和医疗机构开展的安全教育研究又不能满足幼儿园的实际需要。

鉴于幼儿园园本化安全教育体系的建构与实践研究滞后,2008 年,我园启动了幼儿安全教育的研究与实践探索。在积累一定经验的基础上,2010 年,我园主动承担市级课题"在园幼儿伤害事故的成因与幼儿干预体系的研究"。通过历时三年的研究和实践,本园幼儿自我保护的意识与能力有所增强;家长安全教育的意识、方法和行为都有所提高;教师对安全教育重要性的认识明显提高,对幼儿进行安全教育的能力也明显增强。与此同时,我园将幼儿安全防范体系的构架和实际做法进行辐射和推广,开始自觉聚焦幼儿生命教育的内核。

在安全教育研究之初,我园就意识到安全问题其实只是问题的表象而非本质,生命教育才是教育的本质。基于这一认识,教师们展开了广泛的文献研究和案例分析,正式投身对生命教育的研究探索中。在文献研究和案例观察的基础上,教师们发现,无论是实践领域,还是理论界,生命教育研究多集中于青少年阶段,而对幼儿阶段生命教育缺乏应有的关注。在幼儿生命教育的实践方面,缺乏从目标、课程、模式、评价等方面进行整体性思考和探索,即使有个别幼儿园提到生命教育,也只是阶段性、零星式的,缺乏普遍指导价值;在幼儿生命教育的理论方面,2007 年之前难觅相关学术论文;在生命教育的政策方面,缺乏指导性文件,《上海市中小学生生命教育指导纲要(试行)》也只涉及学龄期儿童,并未涉及幼儿园阶段。

针对幼儿生命教育系统性探索不足的现状,我园从以下四个问题出发,思考和探索构建幼儿生命教育的课程体系,形成可推广辐射的经验模式和实践框架。

第一，如今幼儿处于信息化覆盖的场域中，较容易受到网络媒体上呈现的不良观念的影响，如"人死可以复生""生命是有轮回的""变成超人就不会灭亡"等等，导致幼儿对生命形成了错误的认知，这会对幼儿未来的个性化和社会化的发展造成巨大的影响。虽然针对自杀、校园暴力等问题开展的中小学生命教育课程不断增多，但是幼儿园阶段的生命教育并未引起重视，因此中小学和幼儿园生命教育的衔接非常迫切。而就幼儿园来说，如何针对这一年龄阶段孩子的认知特点和学习方式，有效开展生命教育，应是研究探索的重点。

第二，幼儿园的安全教育已经逐渐进入学者研究的视野，也成为教育者们实践探索的领域。就幼儿园来说，当前的安全教育的实践和研究不外乎体现在以下几个方面：一是通过各类培训提高教师自身的安全意识，丰富教师自身的安全知识，如为教师提供安全教育阅读资料，并开展学习研讨和丰富多彩的安全教育活动；二是针对幼儿易发的安全问题，开展全园性安全教育，或根据幼儿年龄层次开展不同类型的安全教育活动；三是开展班级特色安全教育活动；四是开展家园合作，引导家长参与到幼儿园安全教育和管理之中。这些都是比较普遍的、常态化的安全教育，我园试图进一步思考：如何将安全教育从侧重安全事故发生的防范，提升到融入更丰富内涵的生命教育层面？

第三，幼儿园生命教育的目标是什么？用什么样的理念来指导实践？生命教育落实的载体是什么？生命教育包括哪些内容……如何系统构建幼儿园生命教育课程体系、实施模式和评价方式，将幼儿生命教育的目标、价值、指导思想、课程内容、实施方式建立内在关联，形成生命教育的思想体系和行动基础，切实推动生命教育在幼儿园中的全面深入开展，提高幼儿生命教育的实施效果，提升幼儿的生命质量。

第四，如何对幼儿生命教育相关主体、资源、时空进行有机整合，形成一套整体推进的实践机制？

围绕这些问题，我们开始了从整体性视角探索幼儿生命教育的实践之旅。

2. 幼儿生命教育课程研究关注多彩生命教育内涵发展

张爱莲园长一直说："要用生命教育的理想去实现理想的生命教育。"怀着这样的教育信念，她带领紫薇人一直走在研究的路上。2013年，"基于儿童生活世界的幼儿生命教育课程构建的研究"成为上海市教育科学规划立项课题。在反思和研究过程中，我园逐渐摸索出生命教育的内涵和目标，即培养健康（生命底色)、自信(生命本色)、友爱(生命姿色)、达雅(生命亮色)的多彩儿童。教师们也在追求多彩生命教育的路上不懈地思考着、实践着。"多彩生命,绽放精彩"这一案例故事记录了一名一线教师通过"多彩星期五"这一园本化生命教育课程,让孩子们绽放生命精彩的故事。

多彩生命,绽放精彩

作为园本化生命教育课程的一部分,"多彩星期五"通过混龄户外区域性体育运动、"世界风情自助餐"、"紫薇星期音乐会"和特色兴趣活动等,从各个维度落实"认识生命,保护生命,热爱生命,尊重生命"的理念,关注每一位幼儿的需求,使每一位幼儿的自身个性得到充分的发展,能力得以提升,进而为其今后多方面发展打下坚实的基础。

每一项活动的设计都汇聚着教师的巧思与智慧。混龄户外区域性体育运动结合幼儿的年龄特点,创设了多样化的体育活动区环境,打破了年龄和班级的界限,让幼儿自主运动、自由结伴,充分体验运动的乐趣,促进其身心的健康发展。"世界风情自助餐"不仅让幼儿了解到世界各国不同的饮食文化,还能培养幼儿良好的自助餐礼仪。同时,幼儿在轻松的餐饮环境中自主选择喜欢的食物,吃饭成了幼儿的一件乐事。合唱、绘画、舞蹈、桥牌、看图说话、围棋、中华武术、创意建筑等,这些多样的兴趣活动让幼儿身心愉悦。专业教师的悉心指导让幼儿的能力得到更好的提升,让幼儿的兴趣得到专业的指引。

值得一提的是,"紫薇星期音乐会"活动让幼儿更好地感受生命中的各种美好,通过他们的神态、肢体、语言,将他们发现的美展现在他人面前,把一切美好分享给他人。紫薇实验幼儿园尊重幼儿的意愿,鼓励幼儿自主选择,让幼儿在活动中拓展兴趣,获得启发,建立自信。"紫薇星期音乐会"是生命教育课程的拓展,让幼儿天性得以释放,守护每一位幼儿快乐的童年。

(教师　吴婧清)

3. 生命教育研究关注家园深度合作

随着生命教育研究的不断推进,我园又开启了新的思考:如何持续深入开展生命教育实践? 如何基于家园合作模式,开展生命教育的新探索? 以 2017 年 6 月二十周年园庆为新起点,在梳理、反思二十年探索的基础上,我园确定了"发展生态学视域下的幼儿生命教育家园深度合作的研究"新课题。这个课题是生命教育研究的拓展与延续，是践行大教育观的必然要求和体现，也是对家园深度合作紧迫性需求的回应。

（三）生命教育品质创新

2018 年，《幼儿生命教育的整体性探索和实践创新》获国家级教学成果二等奖、上海市市级教学成果奖特等奖，这是我园生命教育二十年研究交出的漂亮答卷，也是幼儿园发展的新起点。从 2018 年开始，围绕"深化内涵、引领辐射，生命教育启德塑魂"主题，我园开展了新一轮的探索实践和研究。

在前期研究的基础上，我园以大教育观和生命教育思想为引领，立足大中小幼德育一体化战略背景，开启婴幼儿启蒙德育和家庭、园所、社区深度合作生命教育的研究和实践，创新学前教育立德树人实践机制，追寻"生命之树，满庭芳华"的发展愿景，系统提升生命教育的品质。

1. 全面启动幼儿启蒙德育的实践研究

学前教育为生命成长和道德发展奠定基础，启蒙德育是落实立德树人根本任务的基础要求，幼儿园是构建大中小幼一体化德育体系的起始场所。从"教子当在幼，养正当于蒙"的中华传统蒙学思想，到习近平总书记对少年儿童提出的"现在把自己的品德培育得越好，将来人就能做得越好"的殷殷寄语，都强调生命早期启蒙德育的重要性和必要性。基于这样的背景，我园开启了生命教育视域下幼儿启蒙德育的实践研究。该研究针对现实问题，以幼儿核心素养发展和健康成长为价值导向，探索幼儿生命教育和德育的内在关联，提出"幼儿启蒙生命德育模式"的概念，构建其理论和实践框架，进而整体开展幼儿启蒙德育模式的园本实践，为贯彻落实立德树人根本任务，夯实大中小幼德育一体化的开端基础，提供理念指引、理论指导和实践依循。

2. 加强生命教育中家庭、园所、社区深度合作的实践研究

幼儿园开展生命教育需要依靠哪些力量？在开展市级课题研究的过程中，尽管我园发动家长和家庭积极参与，但由于研究的聚焦点在生命教育课程的构建上，因此研究和实践的主体仍是教师和园所。家长不仅是孩子的第一任老师，还是孩子的终身老师。通过对家园合作的持续研究，我园转变传统的以幼儿园为单一主体的家庭教育指导模式，构建起以教育伙伴关系为特征的家园深度合作的育人生态共同体，并以生命教育课程为抓手，开展深度合作的实践探索。

第二章

幼儿生命教育之本——理念与课程

"本"本义指树根,比喻根本的、重要的事物。对学校教育而言,课程即是根本,无论是立德树人根本任务的落地,还是育人目标的实现,抑或是学校特色的形成与发展,都需要依托并体现于课程这一根本。课程连接着教育的思想、理念与实践,也联动着学校上下、内外的关系。生命教育课程实为生命教育之本。

正是基于这样的认识,我园的研究和实践始终聚焦课程,不断研发课程,逐渐构建起包含对象、内容、年级多个维度,具有广泛实践效应的幼儿生命教育课程体系。它不但凸显立体化、生活化、生态化的课程特色,克服了以往幼儿生命教育内容碎片化的不足,而且经历了迭代与创新发展的过程,体现了成长与开放的生命特性。

一、生命教育的指导理念

(一) 生命教育的"四全"大教育观

在不断完善、推进生命教育的过程中,我园提出了幼儿生命教育的"四全"大教育观:时间角度的全时程教育、空间角度的全方位教育、对象角度的全主体教育、发展角度的全人教育。"四全"大教育观全面指引我园幼儿生命教育的实践探索和理论研究,为落实学前教育立德树人根本任务和实现幼有所育、幼有善育提供了思想保障。

1. 时间角度:探索 0—6 岁学前儿童的全时程教育

时间一分一秒向前,生命便也跟随时间的脚步持续向前,不断发展。在孩子的成长过程中,我们经常为他们阶段性的成长变化而感到惊喜、感动,这些成长基于孩子每天的自身习得和教育引导而实现。我园在探索学前教育之初便意识到,学前教育不仅仅要关注 3—6 岁幼儿的发展,还要关注 0—3 岁婴幼儿的发展,应当涵盖学前幼儿的整个发展阶段,应当尊重孩子自身的年龄特点和发展规律。带着这样的思考,我园开始关注 0—6 岁幼儿的全时程教育。

2. 空间角度:探索构建园所、家庭、社区"三位一体"的全方位教育

从早晨 7 点 30 分至下午 4 点,孩子们会在幼儿园度过八个半小时,但是仅仅依靠这在园时间就能将孩子培养成德智体美劳全面发展的未来社会的接班

人吗？在生命教育的不断实践中，我们发现，家长的参与不仅能让教育在家庭中得到更好的延续和巩固，也能让家长更好地理解教育。在一步一个脚印的探索中，教师们又发现，社区也有不可或缺的教育资源，正如《培养一个孩子需要一个"村庄"的努力》这本书中提到的，培养一个孩子，若是结合周边社区、融入社会资源，会让教育更有价值。

幼儿教育不是一方独唱，需要全方位关注幼儿发展的整个生态环境——不仅包括家园关系这些中微观生态环境，还涵盖社区、国家和文化这些宏观生态环境。我们要坚持开放办园、积极整合，并有效利用社区、家庭教育资源，构建幼儿园、家庭、社区良性互动的全方位教育生态。

3. 对象角度：探索促进幼儿、教师和家长共同发展的全主体教育

当家长将孩子送到幼儿园时，他们希望的是，孩子能够在幼儿园得到良好的发展，度过愉快的童年时光。家长可曾想过自己也能跟着一同成长呢？我们的生命教育不仅关注幼儿的成长与发展，而且不断尝试并持续推进幼儿、教师、家长共同成长。具体来说，关注幼儿生活的真实生态，做到生态育人，从园所环境到设施设备，一切从幼儿需求出发，尊重幼儿的发展规律，让幼儿在每个寻常时刻、每次与环境的互动中获得成长；关注教师的专业发展，提供一切可利用的平台，鼓励教师们在不断锐意进取中获得成长；关注家长对于生命教育的认知与需求，在彼此携手过程中给予其引导与支持。

4. 发展角度：探索幼儿和谐发展的全人教育

当教育只是为了培养一个 100 分孩子的时候，教育就不再是应该有的样子。不少家长希望孩子会识字、会做题，但却忽略了成长应该有的样子：知识的积累固然重要，但是习惯的形成、社会情感的养成、品格的建立、身体素质的提升才是让孩子成为一个健康的人的关键。因此，生命教育强调多元发展，从课程的设置、活动的开展到环境的创设都注重幼儿的品格、认知、情感、人格、体魄全方位和谐发展。

教育，与生命同行

上海市徐汇区有这么一所幼儿园，一直把生命教育作为学校的发展特色，一直努力研究着生命教育的内涵，践行着生命教育的理念，二十年来从未停止探索的步伐。他们认为，教育是面向有生命的个体，教育就应该从生活开始，与

生命同行。这所幼儿园就是上海市徐汇区紫薇实验幼儿园。生命教育内容很广,它的"广"在于提供了一个广阔的视野和格局,涵盖了认知能力、自理能力、人际交往、道德品质等所有面对未来社会所必须具备的品格和关键能力,使得教育者们不再拘泥于解决当下的问题,更着眼于幼儿未来的发展。

(家长 婷婷妈妈)

这位家长的感悟也正是我园大教育观建立的初心。"四全"大教育观坚持"以生为本"的思想和素质教育精神,回应社会发展的需要,符合时代发展要求,体现全程性、开放性和全面性的教育特点,有利于凝聚园所、家庭和社区多方共识,推进生命教育的发展进程。

(二) 生命教育的三大实践理念

在大教育观的指引下,我园一贯秉持"尊重规律、生态育人、多元发展"的生命教育实践理念。

1. 尊重规律

规律指事物之间内在的必然联系,决定着事物发展的必然趋向。规律是客观的,不以人的意志为转移。孩子的成长有其必然的规律,违背孩子成长规律必然造成揠苗助长的结果。"顺其成长,适性教养"是我园一开始在研究0—3岁早期教养课程中坚持的理念,之后生命教育研究又进一步提出"基于儿童生活世界"的理念,两者不谋而合、前后相继,体现了我园生命教育是一种基于儿童生活世界的教育,是尊重幼儿生命生长规律、尊重幼儿学习认知特点的生命教育。

2. 生态育人

生态育人凸显了在大教育观的视角下,由家庭、园所、社区共同组建教育生态,关照幼儿终身可持续的发展,让生命教育有温度、有活力、更有价值。

家园合作一直是我园的特色,随着生命教育研究的不断深入,我园逐步抛去幼儿园与家庭之间单纯的指导与被指导的关系,避免浅层次抑或是无效的合作,探索深度家园合作,提升合作的价值。同时联动社区资源,将社区资源中适宜幼儿发展的教育内容融合在生命教育中,从学校发展战略的合作规划、育人课程联合开发、学校管理协同参与、学习资源整合共创等方面成为育人共同体。

教育者之间的零距离交流

幼儿的教育工作单靠幼儿园或是家庭任何一方都是难以完成的。于家庭而言，家长参与是父母的使命和责任；于幼儿园而言，家园共育一直是学前教育工作的重点。教育部颁布的《幼儿园教育指导纲要(试行)》指出，"家庭是幼儿园重要的合作伙伴。应本着尊重、平等、合作的原则，争取家长的理解、支持和主动参与，并积极支持、帮助家长提高教育能力"。唯有注重教师与家长的沟通工作，让家长参与到幼儿教育中来，让家长成为共同育儿的协作同伴，才能有效地提高幼儿园教学工作的质量，促进幼儿的全面发展。

"家校形成相同的责任与一致的行动，家校共育才能取得成效。"家园共育中，幼儿教师与家长是重要的两类教育者，只有基于实践的探索和反思，运用相应的交流策略，搭建适宜的交流平台，实现教育者之间的零距离交流，才能共同促进幼儿品德和能力的提升。

（教师　汤海英）

3. 多元发展

生命是有温度的，生命教育亦是如此。生命教育用爱传递生命的热度，让每一个人在有限的生命中实现生命的价值。无论是幼儿，还是教师，或是家长，在生命教育中都要懂得规划自己的未来，成就最精彩的自己，收获最好的明天。

一位家长在孩子毕业前夕写下这样的感悟："水瓶座的娃是个慢性子，刚入园那会儿，对幼儿园生活并不是全情投入，参与各种活动相对被动，怕自己做得不好，更怕自己不会做……紫薇实验幼儿园的生命教育打开了孩子的成长之门，同时也激发了作为母亲的我开启又一次的学习成长历程。"孩子的表现会受到与生俱来性格的影响，而生命教育正是开启孩子心灵的钥匙。

在大教育观的指引下，多元发展体现了生命教育是惠及教师、家长、幼儿各方的教育。

首先，孩子未来可期，在生命教育中成长，在成长中懂得珍爱生命，用最好的自己回馈社会、回馈生命。

其次，教师前景可待，通过生命教育的平台，提升自身的专业素养，用最专业的教育引领幼儿的未来。

第三,家长合作共赢,在家园联动、深度合作中,以自身优质的资源拓展教育的广度,用开阔的视野丰富教育的内涵,实现合作共赢。

因为有爱,孩子们在健康愉快的氛围里友好相伴;因为有爱,孩子们在教师们润物细无声的教育下健康成长……多元发展彰显了生命教育特色。

二、生命教育课程的发展

课程是生命教育的核心载体,也是落实生命教育的关键途径。从 1997 年办园至今,紫薇实验幼儿园不断迭代更新生命教育课程,探索完善了托幼一体化教养模式,拓展了从安全到生命的教育视野,拓宽了教育对象的覆盖面,厚植了滋根塑魂的教育内涵。

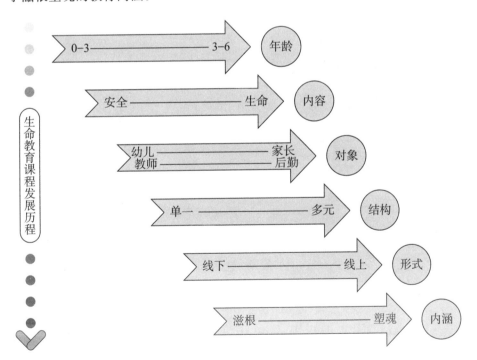

图 2-1　生命教育课程发展历程

（一）托幼一体化教养模式的持续研究

1. 0—3 岁起始生命教育课程体系

0—3 岁是大脑和机体成长的奠基期,这个时期内适宜的经验和刺激是运动、感觉、语言及其他高级功能正常发育的重要影响因素。在办园之初,教师们就开始关注国内外 0—3 岁婴幼儿早期教育,但这个年龄段的教育课程零散而又片面,难以为婴幼儿及其家长提供科学、系统的引导和支持。于是,我园开始了 0—3 岁婴幼儿教养课程的探索与研究。在理论与实践都缺乏的条件下,0—3 岁婴幼儿教养课程研究的三座"大山"摆在大家面前:0—3 岁婴幼儿教养的核心内容和发展水平预设问题;0—3 岁婴幼儿教养内容、途径、方法的一体化构建问题;与该课程实施相匹配的家长育儿指导问题。

在探索研究中发现,基于 0—3 岁婴幼儿年龄特点以及不断发展的社会因素,0—3 岁婴幼儿教养更应用爱的呵护和安全的环境保障他们健康与生存的权利,同时应尊重每个婴幼儿发展的差异,提供个性化的学习与发展支持,以教养融合的模式支持其自发性学习。历经十年,0—3 岁婴幼儿教养研究经历了四个主要阶段,每个阶段都形成了突破性的成果,分别是 0—3 岁婴幼儿发展水平标准研制、养育课程开发、起始课程开发以及发展课程开发。其中,养育课程和起始课程为父母与婴幼儿共同参与的课程,发展课程则是幼儿独立在园课程。伴随三类课程的开发,又形成了父母育儿学校、送教上门、在园教养等实施模式。这些阶段性成果构成了 0—3 岁婴幼儿教养课程框架和实施系统,为实践托幼一体化教养模式奠定了基础。

2. 0—6 岁生命教育课程体系

基于对 0—3 岁婴幼儿早期教养研究的持续完善,我园将关注 0—3 岁婴幼儿早期教养实践拓展到聚焦 0—6 岁幼儿教育实践。在上海"二期课改"理念的指引下,依托多项市级课题,通过对课程的不断实践与反思,我园逐渐构建起 0—6 岁生命教育课程体系,包括 0—3 岁起始生命教育课程体系以及 3—6 岁多彩生命教育课程体系,促进了 0—6 岁婴幼儿教育的科学、可持续发展。

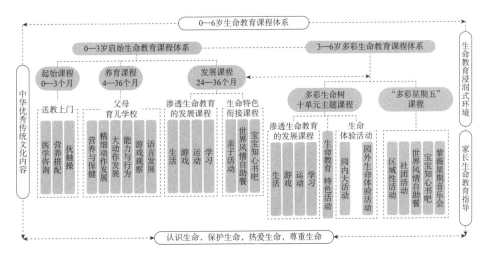

图 2-2 0—6 岁生命教育课程体系

（二）从安全到生命的教育新篇章

2007 年起，依托上海市教育规划课题"在园幼儿伤害事故的成因与幼儿园干预体系的研究"，我园以安全教育为基点，探索形成了安全教育系列课程内容。三年的安全教育研究为生命教育奠定了扎实的基础。在传承的基础上，我园按照经验反思—初步探索—整体实践—拓展深化的基本思路，开启了基于儿童生活世界的幼儿生命教育研究之路，以安全教育为蓝本，逐步融入丰富的生命教育内涵，构建系统性的生命教育课程内容。第一，以安全教育为基点，引导幼儿关注生命的不同形态，认识生命，保护生命，热爱生命，尊重生命。第二，以课程建构为核心，确立生命教育课程内容体系，开展上海市教育规划重点课题"基于儿童生活世界的幼儿生命教育课程体系建构与实施"，揭示生命教育的内涵，从生理和心理的角度关注幼儿生命教育，挖掘生命教育的各种资源，架构生命教育的核心要素，形成0—3 岁起始生命教育课程体系以及 3—6 岁多彩生命教育课程体系。

防患于未"燃"

2012 年 5 月 17 日下午 1 点 40 分左右，上海市徐汇区浦北路与桂林东街附近的三栋四层高的临时工棚突然起火，并在强劲北风的助推下，火势蔓延到了仅一墙之隔的紫薇实验幼儿园时，全园上下即刻行动，警报在第一时间紧急鸣响！教师们立即奔回教室，一边叫醒正在午睡的孩子们，一边轻声安抚并告知

图 2-3　多彩生命树十单元主题课程

孩子们发生火灾了。在短短七分钟内,所有孩子在教职员工的带领下迅速完成了撤离。全体师生在面对火灾险情时的沉着冷静、临危不乱,让目睹这场火灾的居民们连连赞叹。但是回想这场火灾,教师们常常心有余悸,在火灾面前,生命是那么地弱小。

一直觉得火灾离我们很远,好像只存在于消防演练和电视宣传之中,可当火灾突然发生在我们身边时,才真正感受到灾难总是在不经意间到来。安全教育固然重要,而让幼儿认识生命、学会保护生命才是教育更大的着眼点。

（教师　谭潘雯）

生活事件告诉我们,应让幼儿了解保护生命的方法,引导幼儿认识生命,热爱生命,尊重生命,保护生命。

（三）不断拓宽生命教育覆盖面

1. 从幼儿到家长,生命教育全普及

在践行生命教育的过程中,我园逐步意识到,家庭教育对于孩子的成长起到至关重要的作用。家长是孩子的镜子,孩子是家长的影子。在开展生命教育过程中,家长不可避免地会面临一些专业的困惑或问题:对于生命教育的理解不够深入和透彻,对于生命教育课程内容不够了解,对于家庭教育不够专业,这

些问题都会影响生命教育课程推进落实的成效。幼儿园必须承担起家庭教育指导的重任,将生命教育课程内容推向家长,帮助家长树立起生命教育的意识,掌握生命教育的内涵。

基于以上的思考,通过对家长困惑和需求的调查,融合家庭、园所、社区各方的教育资源,我园形成了一系列针对家长的生命教育指导方法。例如,通过每日微信推荐课程、漂流书吧、紫薇家长讲座、家长论坛、家长沙龙等多渠道家庭教育指导,提升家长生命教育的意识和能力。

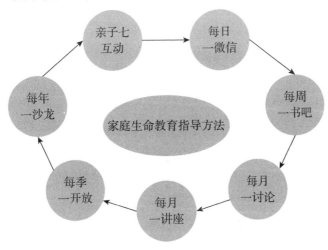

图2-4 家庭生命教育指导方法

2. 从教师到后勤,生命教育全落实

作为教育机构,幼儿园保育和教育同样重要。后勤队伍作为幼儿园一支不可忽视的队伍,应当全面参与课程建设。在生命教育整体性推进过程中,我园创新实施了多个生命教育特色的保育工作项目。

(1) 为幼儿身心健康护航

幼儿健康管理工作是一项琐碎却重要的工作,健康不仅体现在身体的茁壮成长,还体现在心理、社会情感的健康发展。我园将此项工作纳入生命教育课程管理中,为每个幼儿建立电子健康档案;为各类特殊幼儿建立个案档案,做到专人负责,按照不同情况给予个性化矫治;针对各项传染病,制订相应预案,保障工作有序开展。

别让关爱成为负担

人们常说小儿无心，然而事实并非如此。记得有位幼儿从入园起就被诊断为营养不良，除了规定的加餐外，每日午餐时间，我都会到班级里去看看她的进食情况，并叮嘱其多吃点儿。该幼儿比较内向，对于我的叮嘱，一般都是"嗯"一声算回复。该幼儿的营养不良状况一直没有改善，所以我也一直关心着她的进食情况。就这么过了两年，照顾她的保姆在入园晨检时提到，幼儿已经开始畏惧在幼儿园进餐了，因此要求我们不要再给她压力了。直到这时，我才意识到，原来我们独一份的关注会对她造成无形的心理负担。这是我第一次如此深刻地体会到，关注也要有度，"特殊"对待幼儿可能会适得其反。

后来，我碰到一位患苯丙酮尿症的幼儿，这个病需要终身控制饮食，对于什么能吃以及能吃多少、什么不能吃有严格的要求，因此这名幼儿的午餐都是家人为其精心准备的。家长也提出了一点小小的要求，那就是尽量不要让他觉得自己与其他幼儿有所不同。因此不管是班级老师、保育员，还是我，都回避了"因为你生病，所以只能吃自己家做的饭菜"的暗示。每次进餐时，我们会让幼儿给大家介绍今天这顿饭是家里谁给准备的，做的是什么，然后我们会夸赞"做得真好看呀""做这个好费工夫，长辈对你真好呀"，此时幼儿的脸上显现出满满的幸福感，还引得同桌的幼儿一脸羡慕。如果幼儿园某些菜品不影响孩子的病情，家长也会告知班级老师让他也吃点。因此，不管是该幼儿，还是班级里的其他幼儿，对于他中午"吃独食"只有羡慕，没有排斥。

3—6岁的幼儿已经开始有了独立思维，在幼儿眼中，成人的特殊照顾可能就是一份"不同"、一份"异样"。这份"不同"可能会让幼儿感到自己被孤立于群体之外。就如第一位幼儿，特殊照顾变成了她沉重的负担，甚至令她畏惧进餐，这完全违背了我们的初衷。当发现特殊照顾的问题后，我及时调整了策略，让第二位幼儿每次进餐都有一种幸福感。从这两个幼儿的身上，我深刻体会到，我们对于幼儿的保育不能仅停留在关注其身体健康，更要关注其心理健康。

（保健老师　毕蔚蔚）

这是一个由关爱引发思考的案例，在生命教育的理念下，保健老师转变了观念，关注每一个生命个体的不同需求，给予幼儿个性化的教育，不仅重视幼儿的身体健康,更关注其心理健康,让幼儿在轻松、温馨的氛围中感受教育的温暖,从而获得生命更好的成长。这也正是让生命教育从教师到后勤全覆盖的价值所在。

在健康管理研究过程中,我园注重以课题为引领,致力于研究健康管理的真数据、真问题,形成的研究成果进一步丰富了生命教育课程。例如,由保健老师领衔的课题成果"幼儿感冒的家庭处理现状及用药特点的调查报告""幼儿感冒病患及家庭处理现状""空气污染与幼儿园应对措施的研究"等,都转换为生命教育课程中的具体内容。再如,依托保健老师主持的区级规划课题"3—6岁幼儿早餐行为与家庭影响因素的研究",开展了针对幼儿早餐的家长参与式讲座,营养员现场分享如何又快又好制作早餐的经验,让这一讲座广受好评。

（2）食谱安全营养,更有品质

民以食为天。备制幼儿的餐点不能马虎,不仅要在食品安全方面严格把关,更要兼顾美味与健康需求。在关注生命更好地成长的理念指导下,我园合理安排每周食谱,定期公布营养分析及膳食费用使用情况,广泛听取家长意见。幼儿食谱遵循荤素搭配、干湿搭配、咸甜搭配、米面搭配原则,每月不重复,一周使用75种以上食材,每种食材一周只使用一次,早点、午点全部食堂自制。

通过生命教育课程的研发,形成了独具特色的"世界风情自助餐",十个主题涉及国内外颇具特色的十个菜系,丰富了幼儿园餐点内容。自助餐并不是单纯的饮食行为,而是融合我园生命教育观和广博世界观的具有人文情怀的活动,幼儿不仅可以大饱口福,更重要的是,其相应的理念和意识也得到了提升。

（四）逐渐形成课程"三化"特色

在开展生命教育实践的过程中,单一的课程无法满足幼儿全方位发展的需要,单一的形式也无法适应新时代教育的需要。因此,我园将上海市"二期课改"课程与幼儿园园本课程有机融合,形成了多彩生命树十单元主题课程,并每月开展一次多彩生命体验活动,每周开展一次"多彩星期五"活动。这些形式多元、内容丰富的活动凸显了生命教育课程结构的立体化;基于儿童生活世界的全部场域和经验体现了生命教育课程内涵的生活化;家庭、园所、社区共同参与体现了课程实施的生态化。

多彩星期五

童年是美好的,是什么绘成了这幅美好的图画?是快乐的游戏,是精彩的活动,更是一次次难忘的体验。如何让孩子完完全全做活动的主人?如何让孩子在活动中尽情展现自我?如何让孩子自主探索、感受、体验?针对这些问题,在智慧的碰撞中,我园的"多彩星期五"活动应运而生,通过混龄户外区域性体育运动、"世界风情自助餐"、"紫薇星期音乐会"和特色兴趣活动等,从各个方向出发落实生命教育"认识生命,尊重生命,热爱生命,保护生命"的理念,关注每一个幼儿的需求,使每一个幼儿得到充分的发展。这些形式多元、内容丰富的立体化课程为幼儿今后多方面的发展打下了坚实的基础。

(教师 吴婧清)

"多彩星期五"活动贯穿一日生活各个环节,同时与园所各项课程内容纵横交错,形成立体的课程结构,保障幼儿的全方面发展。

(五) 现代化教育模式不断推进

2020 年,新冠肺炎疫情对社会造成了方方面面的影响。教师们更加感受到幼儿生命教育的价值,同时开始思考:如何让生命教育更好地涵盖疫情时期所需的内容,以切实提升幼儿保护生命的意识和能力,让幼儿的教育与成长不因疫情而脱节?为此,我园基于生命教育课程,同时关注健康、语言、社会、科学、艺术五大领域核心素养,在尊重不同年龄段幼儿身心发展特点的前提下,整合、梳理、研发了线上幼儿生命教育指导课程。通过微信平台,将线上幼儿生命教育指导课程内容推送给家长,不仅让幼儿居家生活更充实,更保障了生命教育不因疫情而缺失。

线上课程应运而生

2020 年,新冠肺炎疫情爆发,打破了人们原有的学习和生活节奏,孩子和家长都被困在家中。开发线上幼儿生命教育课程的目的是让幼儿和家长在疫情期间能安全、有序、科学地开展居家活动,引导幼儿与家长更好地关注健康、关注生命,同时为居家育儿提供有益的指导和帮助,全面打造居家亲子乐园,让孩子在这个特殊时期依然感受到爱和快乐,进而让居家生活变得更有意义、更有温度、更有质量。

对于幼儿园而言,开发线上课程并不是一件容易的事儿,如何将活动搬到互联网上进行呢?如何同时关注到居家这一特殊的条件呢?

通过研究,教师们设计了"云游博物馆""云上树木领养""云享'五一'""云游'六一'"等活动。例如,在"云游'六一'"活动中,教师们根据各年龄段幼儿特点在线上开设了"欢乐蹦蹦跳""美食每刻""巧手DIY"等活动,幼儿按自己的喜好选择活动室,和教师一起分享美食、快乐和创意,同伴间、师生间的居家"云相聚"让我们过了一个别样的"六一"儿童节。

(教师　徐秋蓉)

现代化信息技术的发展促使我园不断思考现代化教育的新模式,期望通过现代化信息技术,将生命教育课程能传递到每个家庭,辐射给更多有需要的群体。基于以上思考,我园聚焦生命教育课程内容,梳理出"薇爱"系列活动内容,每天通过网络将一项主题活动内容推送给家长,引导家长更好地理解生命教育课程,指导家长有效落实课程内容,也期望借助现代化信息技术,让生命教育课程辐射更多教育同行和关注学前教育的人。

表 2-1　"薇爱"系列活动内容

日期	活动名称	活动内容
周一	"薇爱"小贴士	给小朋友们的健康小贴士
周二	"薇爱"游戏	适合在家玩的亲子小游戏
周三	"薇爱"画舫	来信互动等
周四	"薇爱"剪影	分享幼儿活动方案和照片
周五	"薇爱"书房	亲子绘本故事推荐
周六	"薇爱"有你	分享家长育儿经验

(六) 生命教育根植于中华优秀传统文化

中华优秀传统文化是生命教育之根。我园依托"幼儿中华优秀传统文化教育实践研究"课题,开展中华优秀传统文化早期启蒙教育,在课程中融入优秀传统文化内容,如课程内容设置突出节日、节气的特色内容,包含对传统习俗的认知,对民俗活动的体验等。同时结合各年龄段幼儿身心发展特点,将优秀传统文化教育与生命教育进行统整,在生命教育课程中有机融入适宜的优秀传统文化教育内容,如将优秀传统文化内容有机渗透在"多彩生命树十单元主题课程"和"多彩星期五"活动中,通过生活化、故事化、游戏化的活动推动课程实施,旨在培养具有良好行为习惯的幼儿。本课题最终形成了《传统文化教育指导手册》《幼儿中华传统文化精粹》等研究成果,为切实有效推进生命教育家园共育提供了支撑。

小台历,大意义

幼儿教育在传承优秀传统文化的使命中肩负重要使命。幼儿阶段的生命教育必须是扎根在中华优秀传统文化土壤中的生命教育。开展中华优秀传统文化教育是时代赋予的责任,意义深远。调查发现,家长们普遍对如何给幼儿开展中华优秀传统文化教育感到困惑,缺乏开展优秀传统文化教育的途径和方式,缺乏对中华优秀传统文化的认识和知识储备,这些都制约了优秀传统文化教育在家庭中的有效开展。

围绕中华优秀传统文化的教育目标与内容,我园从"节日节气""诗文诵读""民间游戏"以及"特别推荐"这四大板块出发,选取优秀传统文化内容,并将其制作成台历送给幼儿和家长,引导家长有的放矢地开展家庭优秀传统文化教育指导。通过图文并茂的形式,引导家长与幼儿有针对性地了解传统文化、民俗,激发幼儿对传统文化的喜爱之情,从而更好地将传统文化根植于心。

每年,我园都会将台历作为一份礼物赠予孩子和家长,通过台历给予孩子们传统文化的熏陶,使文化之魂逐步根植在孩子们的心田。我们相信,优秀传统文化的这颗种子终有一天会长成一棵大树,让孩子们受益一生。

(教师 张烨)

2018年起,我园以大教育观和大生命教育思想为引领,立足大中小幼德育一体化战略背景,开启婴幼儿启蒙德育和生命教育家庭、园所、社区深度合作的研究和实践,尝试在生命教育中融入幼儿启蒙德育内容,从滋根立本到塑魂,探索幼有善育和学前教育立德树人的实践机制。

三、0—3岁起始生命教养课程

经过多年来的不断探索、实践与思考,我园形成了符合婴幼儿年龄特点与教养特点的0—3岁起始生命教养课程。

(一) 教养理念与目标

1. 教养理念

结合0—3岁婴幼儿教养保育为主、保教结合的教育特点,我们确立了0—3岁起始生命课程教养理念。

一是亲爱孩子,满足需要——以亲为先,以情为主,以观察为基础。

二是以养为主,教养融合——体现了早期教与养的自然融合。

三是关注发育,顺应发展——以尊重婴幼儿身心发展规律为基础。

四是因人而异,挖掘潜能——理智地看待并接受每一个婴幼儿的不同。

2. 教养目标

根据婴幼儿身心发展的规律与年龄特点,以及长期开展婴幼儿家庭教养指导的实践经验,我园修订形成了《0—36个月婴幼儿发展水平提要》,以婴幼儿身心理发展规律为依据,将0—3岁年龄段细化为7个阶段,分别从大动作、精细动作、视觉能力等十大板块梳理与归纳婴幼儿的发展水平,帮助0—3岁婴幼儿教师及家长在教养的过程中更清晰地了解婴幼儿发展的情况。

表 2-2 0—36个月婴幼儿发展水平提要

	6周—3个月	4—5个月	6—8个月	9—12个月	13—18个月	19—24个月	25—36个月
大动作	· 四肢会弯曲,俯卧时能稍抬起头部,并逐渐维持头部平衡。	· 能仰卧或俯卧,能从仰卧到俯卧。 · 能侧卧并翻身。 · 有支撑时能坐。 · 趴着,四处观望,爱挥动手,爱踢腿。	· 从仰卧翻成俯卧位,或从俯卧翻成仰卧,并能随意翻身。 · 趴着,仰卧时能抬头到处观望、脚蹬踢。 · 刚开始学坐时,身子前倾,用手撑在地面上,无法坐边玩。 · 有时用手支撑能坐起、渐渐地,手可离地自由活动,但坐得不是很稳。 · 在大人的帮助下会爬,会扶着栏杆站起来。 · 放在腋下时,会做跳跃的动作。 · 翻身的技巧愈加熟练。 · 学会蠕爬。因为上半身力量比下半身大,故很可能会先向后爬。 · 能在学步车中迈步。	· 10个月左右,已可以坐得很稳,向前或向后转都能平衡。 · 能以不同姿势爬行、攀爬。 · 9个月时,可在扶持下站立,能独自走几步。 · 1岁时,能独立走步。 · 从在大人的帮助下由蹲下再站起来、发展到自己会蹲、站立。 · 从扶双手扶走几步、再到牵手走路,最终能独自走两三步。	· 会推小车走路、牵着拖拉玩具走路。 · 乐意追着物跑。 · 扶栏杆上下楼梯。 · 踢静止不动的大球。 · 会下蹲捡地上的玩具或观看着电动玩具。 · 喜欢攀爬椅子和桌子。 · 喜欢扔东西、跑跑时易跌倒。	· 能稳稳地走、会上下斜坡,会绕跨障碍走,会扶栏杆上下楼梯、会双脚交替一步一阶地走。 · 会推物行走。 · 成人站在孩子后面示范退着走,孩子会模仿成人后退着走儿步。 · 会骑车、会推着小车走路。 · 轻易地来回行走。 · 能动作协调地追逐跑,不扶人自己停下来。 · 能控制速度地跑。 · 扶住双手时能从最低一级楼梯跳下。 · 在游戏中会跳跃。 · 会借助台阶、椅子拿取高处的物品。 · 能钻爬过障碍。 · 能俯身拾物、保持身体平衡。 · 会扶着栏杆向上攀登,如攀登滑滑梯。	· 走路越来越稳。 · 能从小椅子或低台阶跳下。 · 会双脚、单脚跳跃。 · 单脚站立片刻。 · 能骑三轮童车。 · 踢球时,能保持身体平衡。 · 走、爬、坐和跑的技能进一步提高。

（续表）

	6周—3个月	4—5个月	6—8个月	9—12个月	13—18个月	19—24个月	25—36个月
精细动作	• 将手作为看得见操作的工具或动作，动作增加，且逐渐熟练。 • 手指会松开或握紧，会拉紧身边的物体，如毛巾、成人的衣服等。	• 用双手操作物体。 • 喜欢拌落物体，扔掷小物体。 • 手能触到眼睛所看到的物品。 • 用手掌抓物，如抱奶瓶，抓小玩具。 • 将物体从一只手递到另一只手。	• 手能抓起眼睛看到的物品。 • 会玩摇铃等小物件，会将物件在两手之间传递等。 • 能抓住悬吊着的物体。 • 两手能各握一个玩具。 • 会将玩具从一只手换到另一只手。 • 把手中之物有意丢掉或推开。 • 喜欢操作小物体。 • 把物体竖起来或滚动物体。	• 积极操作小物体，能把物体竖立起来或滚动物体等。 • 能用大拇指、食指和中指做钳抓动作。 • 快满一岁时，能以拇指与食指做钳抓动作。 • 会从盒中取出玩具。 • 会用拇指取物、会单手抓握、摇晃、敲击物体。 • 能把物品放入水杯大小的容器中。 • 能翻书，但一次会翻数页。	• 能积极操作小物体，从操作物体。 • 会用笔在纸上画画（涂鸦）。 • 能利用拇指、食指和中指抓握物体，会一块一块地接积木，会把面团捏成小块。 • 会用2—4块积木叠高。 • 愿意用手操作物品。 • 会持杯喝水。	• 会用4—6块积木叠高。 • 会捏小纸团。 • 能用塑料绳子穿珠子。 • 会套四层套管，并能按大小次序进行套叠。 • 会开关各种盒子，拧开关已关门，转门把手、拉开抽屉。 • 能摆好汤勺，知道将食物送入嘴里。 • 将东西放在固定位置，甚至能完成简单的拼图。 • 能翻书。 • 手眼协调的能力增强，学会许多基本的动作技能（挤、捏、揉等）。	• 可用手指捏起蚂蚁般大小的物体。 • 对摆弄小物体有兴趣。 • 会用8—10块积木叠高。 • 模仿成人在纸上画直线。 • 穿4—8颗珠子。 • 能拿线穿过毛线针。 • 会自己倒水。 • 成功地使用小勺。 • 能在纸上抹浆糊。 • 能玩泥（拍、打、捏）。 • 逐渐能逐页翻书。

（续表）

	6周—3个月	4—5个月	6—8个月	9—12个月	13—18个月	19—24个月	25—36个月
视觉能力	• 双眼能持续注视物体。 • 能快速地转动双眼、注视。 • 能转眼、寻找、寻找音源。	• 对一定距离内的物体有明显的视觉集中。	• 手眼开始逐渐协调。 • 凡是能看见的东西（近处）都要伸手去抓。 • 能机灵地观察四周人们所进行的活动，随之一起转移视线。双眼的视距，超过此距离12厘米以上的物体不能看清楚。最适宜的视距为17—20厘米。	• 除了睡眠，凝视仍是最主要的活动。 • 会用眼睛看着成人所握用手拿成人所握的物体。	• 能通过注视获得信息。 • 能模仿画画。	• 能辨认5—6种不同的颜色，会用色彩鲜艳的颜色涂抹，会玩色。 • 会辨别物体的特征细节。 • 通过视觉获得信息是最主要的视觉活动。	• 能注意细小的细节和细微差异。 • 能指出相似处、不同处和有趣的特征。 • 能辨别5—7种颜色。
协调能力	• 听与看结合观：看着并伸手抓握。	• 眼耳协调能力加强，手眼动作结合。	• 视觉引导双手动作，视觉引导腿部动作。	• 观察物体特征。 • 倒空容器内物体，再放入物体，然后滚动笔等。	• 继续对物体进行探索，学习简单的技能。 • 学拿勺子，用自己端杯喝水，渐渐不漏或少漏水。 • 会戴、脱帽子，穿脱鞋子。 • 用小棒子敲打小球入小洞。	• 继续对物体进行探索，掌握简单的技能。 • 会打开、合上由铰链接合的物体，会把东西放在一起，然后分开。 • 清醒时同用于探索和学习简单的技能。	• 在活动中协调地运用技能，创造新的游戏。

（续表）

	6周—3个月	4—5个月	6—8个月	9—12个月	13—18个月	19—24个月	25—36个月
语言能力	• 能发出"啊"的音（多为"啊"的韵母）。 • 对大人说的话有回应。 • 模仿有趣的声音。	• 试着发出自己的声音。 • 喜爱发出"咿""呀"的声音，喜欢玩发音游戏。 • 能辨别出爸爸妈妈的声音。 • 被叫名字时有反应。	• 对自己和他人声音的注意加强，7个月时，对个别词语作出反应。 • 听到"咿""呀"的声音会转头。 • 用"咿""呀"的声音与成人对话。 • 喜欢模仿音调，模仿声音。 • 将声母和韵母合起来，如"妈妈""爸爸"等。 • 8个月时，说到"爸爸""妈妈"等时，会把眼睛转向所指对象。 • 会连续发出同一种复音音节。 • 理解简单的句意，会无意识地发出"爸爸""妈妈"的声音。 • 应大人的要求做简单动作，如再见时能摆手。	• 约9个月时，意识到语言的意义。 • 有意识地主动模仿发音。 • 开始理解词语，对名词开始有反应。 • 能模仿语言。 • 有意识地叫"爸爸""妈妈"。 • 开始注意简单的要求。	• 语言体现为单字、句。 • 能听懂简单的指示语。 • 能理解简单的要求。 • 尝试用语言进行表达。 • 从单字说一个单词，发展到会用人与人交谈。 • 词汇贫乏，但能初步理解语言。 • 对成人说话、念儿歌、唱歌、讲故事都有兴趣。 • 会正确地称呼"爸爸""妈妈"。 • 认识常见的实物，知道自己的名字。 • 会在成人简单的指导下看简单的图画书，并愿意听故事。	• 会说出常用物品的名称，知道常见动物的叫声，并会说出自己的名字。 • 处于双字句期，词汇简单，词汇比较急速增加，2岁时，能说出较完整的句子。 • 知道成人语言的意思和要求，以语言代替哭泣来表达需求。 • 爱听故事，喜欢翻阅儿童读物，喜欢看儿童节目。	• 能说出自己的名字。 • 用"要""不要"来回答简单问题。 • 会使用人称代词"你""我""他"，掌握的词可达二三百个之多。 • 能听懂简单的故事，并理解其词义。 • 学讲简单的话，会修饰简单的句子。 • 喜爱唠叨不休，好问。 • 3岁时能理解日常生活语言，爱与成人谈话。

（续表）

	6周—3个月	4—5个月	6—8个月	9—12个月	13—18个月	19—24个月	25—36个月
兴趣	• 喜欢用嘴含衔物体。	• 好奇心加强。 • 表现出社会性行为。	• 对声音和身体动作有极大兴趣。	• 对主要抚育者、外部世界和掌握运动技能有兴趣。	• 与母亲在一起,11%的时间为社会性活动。 • 喜欢模仿成人的动作。	• 18—21个月时,16%时间为社会性活动,84%为非社会性活动。 • 2岁时,探索行为减少,所掌握的技能增加。 • 无活动时间为1%—30%。	• 对单纯与家庭成员相互交流的兴趣减少,与其他孩子游戏的兴趣增加。 • 对简单愉快的交谈感兴趣。
情绪	• 表现出社会性微笑。 • 有限度的反应:发怒、微笑、安静、警觉。 • 盯着手和手指会全神贯注。	• 大部分时间情绪良好,微笑时间很多。 • 对逗乐作出反应。	• 情绪欢快,经常发出笑声。 • 情绪很容易突然变化。	• 表现出友爱、微笑、拥抱,会自发地或根据要求发笑。 • 对陌生人的焦虑增强。	• 有时违抗抚育者的要求。 • 情绪突然转变的现象开始减少。 • 哭闹、不安等消极情绪逐渐减少,愉快、安宁等积极情绪增加。 • 情感不再局限于满足其生理上的需要,而要社会性满足。 • 离开父母时感到不安全。	• 情绪易暴躁,对成人的要求有抵触情绪。 • 对成人的逗引有愉悦的情绪表现。 • 不喜欢陌生人和陌生环境,有紧张感。 • 会违抗抚育者的要求。 • 情绪表达形式多样化。	• 违拗的情况减少。 • 情感控制力加强。

（续表）

	6周—3个月	4—5个月	6—8个月	9—12个月	13—18个月	19—24个月	25—36个月
社会性行为	• 2个月时，能发出社会性微笑，在母亲与他言语时最多。 • 对陌生的环境会有不同的反应。	• 能欢快地微笑，开始有期待意。 • 开始学习如何吸引母亲来保持对自己的注意。	• 会凝视父母。 • 认生，害怕陌生人，有意行为开始，如伸手要抱，以哭声引父母的注意，等等。 • 对陌生人，对与母来分离产生焦虑。	• 用摇头表示不要。 • 有嫉妒、害怕、生气等情绪发生。 • 会表示再见。	• 开始对小伙伴有兴趣。 • 与同伴相处时，各玩各的玩具，互不干扰。 • 在交往中，常出现冲突行为与哭闹。 • 对某样物品特别显示出喜欢。 • 明显表示出对不同人的好恶。 • 试着吸引成人的注意。 • 能与陌生人进行交往。 • 能做简单的家多，如模仿扫地。	• 喜欢和同伴一起玩，愿意接近同伴，会递玩具给同伴处处要玩具给自己玩。 • 会对成人表示出友好的情感，会用言语和动作引起成人的注意，利用成人解决问题。 • "指择"成人的能力已经出现了。 • 有"属于自己"的概念，当自己的东西被别人拿夫时，易怒。 • 对同年龄的孩子有兴趣。 • 达到目标后有满足感。 • 2岁时，社会交往行为进一步发展。	• 白天能自己大小便，不需要协助。 • 喜欢玩娃娃或重复扮演与生活相关的事项。 • 平行游戏阶段，各与同伴在一起，各自玩各自的目的。 • 能清楚知道自己与别人的性别。 • 能学习简单的游戏和规则。 • 了解家庭成员的关系。 • 喜欢与别人有互动。 • 已具有为欲引和保持成年人注意而来取社会可接受方式的能力。 • 对其他孩子和成年人表达出积极的情感和消极情感。 • 带领或跟随其他孩子，与他们竞争。 • 喜欢角色扮演活动。

（续表）

	6周—3个月	4—5个月	6—8个月	9—12个月	13—18个月	19—24个月	25—36个月
注意力	• 一小时中，觉时间为整觉时间15~20分钟。	• 持续注意。	• 清醒时至少有一半时间处于警觉状态。	• 开始持续注意，对各种事物采取积极探索的态度。	• 能注意者身，抚育者和外部世界。 • 在行动和语言的提示下，停止去注意另一件事情。 • 能对各种事物采取积极好奇的态度。 • 能表现出感知和动作协调能力。	• 能注意外部环境的明显变化，能注意特别的色彩鲜艳，形象特异的物体。 • 对自我，抚育者和外部世界均衡注意。 • 能注意镜中的自己，观察镜中自己的肢体动作，会自己的穿着和服饰。 • 能注意大人的明显特征及服饰能力。	• 对熟练练掌握技能比对探索更感兴趣。
认知	• 条件反射出现，如喂食和抚抱之前有期待性动作。	• 行为开始协调起来，尝试解决问题。	• 从7~8个月开始，短时记忆得到发展。 • 对时间顺序产生意识。 • 记忆产生，但是眼不见便无意识。	• 会移开挡住目标的障碍物。 • 会寻找被藏起的物体。 • 能了解某些动作的固定意义。 • 学会了数千种"刺激-反应"联系，意象和符号能力迅速发展，有了对物体恒常性记忆。	• "物体永恒性"概念增强，可从原处找到被隐藏的物体。	• 可从结果推想原因。 • 喜欢模仿或其他人行为。 • 能分辨动物或其他物品的声音，会等待结果出现。 • 在动作之前，有心理活动速度。 • 先是试误学习，然后是顿悟学习。	• 建立"物体恒存"的概念。 • 有初步的时间概念，能理解"一下""很久"。 • 有一定的模仿能力。 • 有初步的图画能力。 • 建立基本概念，如大小、颜色、形状等。 • 开始具有预见后果的能力。

（二）课程结构与内容

0—3 岁婴幼儿起始生命教养课程由起始课程、养育课程和发展课程三大部分组成，其中起始课程和养育课程均为亲子共同参与的课程，多在周末开展；发展课程为 2—3 岁幼儿独立在园课程，在工作日开展，分全日课程和半日课程。

1. 起始课程：对象主要是周边社区散居的 0—3 个月婴儿；内容主要包括医学咨询、营养搭配和抚触操三大模块。

2. 养育课程：对象主要是 4—36 个月的婴幼儿及其家长；内容主要包括营养与保健、精细动作发展、大动作发展、能力与行为、游戏与观察、语言发展六大模块。

3. 发展课程：对象主要是在园接受集体教养的 2—3 岁幼儿；内容主要包括生活、游戏、运动、学习、亲子活动、"世界风情自助餐"、"宝宝知心书吧"七大模块。

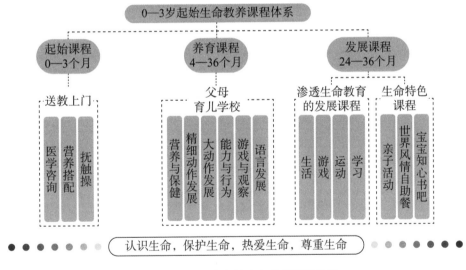

图 2-5 0—3 岁起始生命教养课程体系

生命起始，教育起步

0—3 岁的婴幼儿是一个非常特殊的群体，他们的身体、心理发展特点每个月都不同。0—3 岁婴幼儿的感知觉能力、动作能力、语言能力、思维能力、情绪情感，都可以通过亲子活动的设计、实施来培养。因此，在设计亲子活动时，要充分考虑到他们的能力及兴趣,游戏的设计要简单而富有趣味,不应有太多的规定与限制;考虑到他们的月龄特点,在每一次亲子活动开始时,玩他们熟悉又喜欢的游戏是非常有必要的;教师不能经常转换游戏,而要尽量做到一个游戏分时间、分层次来进行,让同一个游戏充满不同的挑战,这会让游戏的价值最大化。在亲子活动中,家长的参与尤为重要。由于宝宝们还没有足够的判断能力,所以他们喜欢模仿,家长若能以身作则参与到游戏中来,可以为宝宝提供学习的榜样。

(教师　顾勤蓉)

(三) 课程实施与评价

1. 0—3 岁亲子养育课程实施途径

经过十多年的探索和实践,我们逐步形成了适合 0—3 岁婴幼儿及家长的家庭教育指导八模式,在教师指导、亲子陪伴、共同养育的过程中,促进 0—3 岁亲子养育课程高效落地。

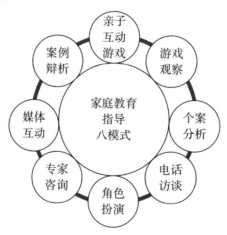

图 2-6　家庭教育指导八模式

(1) 亲子互动游戏

这种指导方式最受婴幼儿喜欢,最为家长所接受。亲子互动游戏操作方法:①教师向家长介绍活动的名称、目的与方法;②家长与孩子共同游戏;③教师观察、了解每组家庭活动的情况,并进行适当和具体的指导,便于家长回家后继续开展亲子游戏,使活动得以延伸。

（2）游戏观察

玩是每个婴幼儿的天性，每一期父母育儿学校的活动婴幼儿都很喜欢，都能投入地玩。在活动过程中，有一个很关键的问题：婴幼儿会玩，但家长不会观察。或许是对婴幼儿的年龄特点不了解，家长只是在一旁看，或是跟着婴幼儿一起玩一玩，不能很好地对婴幼儿游戏进行干预，使得每一次的游戏变得平淡无味。怎么能够帮助家长学会观察婴幼儿的行为，进而引发家长们更好地与婴幼儿互动呢？我园从环境入手，建造了一间全透明的游戏室，引导家长从婴幼儿的兴趣、需要、思维特点、社会交往、语言表现等方面进行观察、记录。为了指导家长正确观察婴幼儿的表现，在每一次观察活动中，教师为家长提供观察记录的表格，记录的内容有：婴幼儿对游戏的兴趣，游戏的态度，游戏的持续时间，使用哪些玩具，怎样操作摆弄，能否独立地玩，与同伴交往的情况等，以帮助家长了解自己孩子的兴趣、需要以及思维特点。游戏结束后，教师和家长围坐在一起交流分享、彼此探讨，逐步让家长懂得如何理解婴幼儿的行为，如何借助游戏引导婴幼儿成长。同时，教师也可以从家长的观察记录信息反馈中，了解所创设的活动环境是否满足婴幼儿发展的需要，并及时调整活动的内容，以提升婴幼儿对活动的兴趣，真正体现家庭教育指导双向互动的作用。

（3）个案分析

教师指导家长为婴幼儿建立成长档案，以便更好地开展个别化和个性化的家庭教养指导。在积累个案过程中，可以专题记录，也可以以日记形式记录。

（4）电话访谈

每周一次电话访谈，提醒每位家长在日常生活中对孩子要有更多的关注，引导家长关注自己孩子的每一"高光"时刻。

（5）角色扮演

定期举办的角色扮演活动，有利于激发家长开展亲子游戏活动的热情，提高家长自编亲子游戏的能力，也有利于积累大量亲子游戏的素材。

（6）专家咨询

组织专家讲演团，定期开放咨询日，帮助家长解决实际教育中的疑惑和疑难问题。

（7）媒体互动

利用黑板报、墙报、网站等形式进行媒体互动。

（8）案例辨析

对某一个倾向性问题，组织家长辨析会，让家长充分地各抒己见，从而反思自己的行为，这就是案例辨析法。以婴幼儿的交往现象辨析活动为例，教师事先将有关婴幼儿心目中的好朋友的讨论活动录下来，在家长辨析会上播放，让家长围绕"如何培养孩子交往能力""怎样的孩子受欢迎"等话题开展辨析。有的家长交流培养孩子交往能力的方法、经验；有的家长交流了培养过程中的疑惑。通过经验交流、方法探讨，家长们了解了婴幼儿交往的特点以及培养交往能力的方法，从而有利于婴幼儿社会交往能力的提升。

2. 2—3 岁在园幼儿发展课程实施途径

根据 2—3 岁幼儿年龄特点，通过设计生活性、操作性和趣味性的游戏，以及营造温馨、趣味的浸润式生命教育环境。引导幼儿在环境互动中感受生命教育，助推课程有效实施；以课程为主体，从儿童视角出发，开展形式丰富多样的教养活动，在与教师、同伴的互动中实施生命教育；同时在家园共育的理念下，给予家长有针对性的生命教育家庭教育指导，并引导家长积极参与幼儿园活动。在实施过程中，根据教师的思考、幼儿的表现、家长的反应、阶段效果等，对教养方案不断进行补充、修改和调整，实现不同生命教育主体之间的良性互动，进而促进生命教育良性推进。

3. 0—3 岁婴幼儿集体教养评价

0—3 岁婴幼儿集体教养评价每三个月进行一次，具体内容包括：

（1）3 岁前婴幼儿集体教养评价

以《上海市 0—3 岁婴幼儿教养方案（试行）》为依据，结合幼儿园工作实际，形成《3 岁前婴幼儿集体教养工作评价方案（试行稿）》。

（2）1—3 岁幼儿身体发育与心理发展的评价

（3）0—2 岁婴幼儿身体位移能力评价

结合父母育儿学校亲子活动的直接观察记录与视频录像分析，形成《0—2 岁婴幼儿身体位移能力评价细则（试用稿）》。

（4）1—3 岁幼儿集体教养适应能力评价

根据邹卓伶提出的幼儿入园适应的 9 项在园表现指标和 4 项在家表现指标，构建"入园哭闹""进餐困难""难以午睡"等 9 项在园指标和"拒绝入园""食宿反常""情绪波动"等 4 项在家指标，根据 13 个指标观察结果，作出"强烈反应""调整波动""基本适应"和"二次适应"等 4 种适应状态评估结果,最终形成《新入园幼儿适应能力评价办法(试用稿)》。

四、3—6 岁多彩生命教育课程

我园通过循序渐进的研究和探索,不断升华教育理念与目标,完善课程结构与内容,丰富课程实施与评价内容,整体性架构 3—6 岁幼儿多彩生命教育课程。

(一) 课程理念与目标

1. 课程理念
在大教育观指导下,确立了"尊重规律、生态育人、多元发展"的生命教育课程理念。

2. 课程目标
以《3—6 岁儿童学习与发展指南》及《上海市学前教育课程指南(试行稿)》为依据,在遵循幼儿生命特性和成长规律的基础上,培养幼儿认识生命,保护生命,热爱生命,尊重生命的情感和能力,从而提高幼儿的生存技能、生活质量、生命价值。

认识生命:唤醒生命意识,了解生命体的存在价值和生命体的基本需要;不断完善并奠定健全的人格,在积极健康的人际关系中,获得安全感和信任感,发展自信和自尊,形成基本的认同感和归属感;独立自信地做力所能及的事,有初步的责任感。

保护生命:学习初步的生存和生活所需要的技能和方法;积极参加体育活动,提高运动能力和安全意识;初步形成文明卫生的生活态度和习惯。

热爱生命:亲近大自然,感受生命的多元和精彩;学习关爱、感恩,激发热爱生命的情感;发现和感受生活中的美,喜欢欣赏多种多样的艺术形式和作品,愿意进行艺术活动并大胆表现,萌发审美情趣,丰富想象力与创造力;积极尝试运用语言及其他非语言方式创造性地表达和表现生活。

尊重生命:发现生命的意义,尊重生命的各种形态;体验人与人相互交往、合作的重要和快乐,尊重他人。

（二）课程结构与内容

1. 课程结构

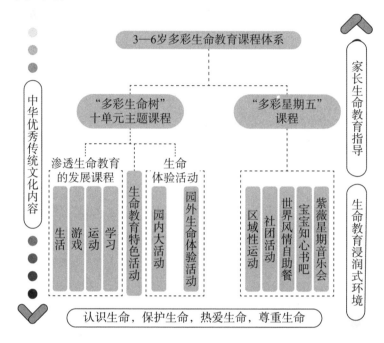

图 2-7 3—6 岁多彩生命教育课程体系

（1）"多彩生命树"十单元主题课程

多彩生命树十单元主题课程是我园独创的生命教育园本课程，包含三大内容：一是将生命教育课程理念渗透到生活、运动、游戏、学习四大基础活动板块中；二是在日常活动的基础上，根据生命教育目标，开展生命教育特色活动，包括"幼儿安全教育系列""幼儿情感教育系列""幼儿生命教育实践活动系列"及"传统文化系列"等；三是结合节日、幼儿兴趣点、社会热点等开展形式多样的生命体验活动。3—6 岁多彩生命教育课程不仅关注幼儿一日生活，更关注整合家庭、园所、社区资源，为幼儿创设专门的社会性体验活动。

（2）凸显个性发展的"多彩星期五"课程

为了尊重与满足幼儿个性发展需要，我园设计了"多彩星期五"课程。

（3）中华优秀传统文化、生命教育浸润式环境和家长生命教育指导全面融合中华优秀传统文化是生命教育之根,将优秀传统文化有机渗透在"多彩生命树"十单元主题课程和"多彩星期五"课程中,旨在培养具有良好行为习惯的儿童;而生命教育浸润式环境、家长生命教育指导则始终全面融合在生命教育的课程中。

2. 课程实施

在全面贯彻上海市"二期课改"的基础上,在生命教育大教育观的引领下,我园制订了具体的活动操作指引,保障课程有效落实。

(1) 个别化学习活动操作指引

个别化学习活动的内容设计注重围绕主题核心经验,关注幼儿的个性化发展,同时注重把握领域的均衡性,如在材料投放时,根据幼儿发展水平提供高、低结构相结合的材料,注重体现材料的层次性、趣味性,让孩子在活动中迸发创造力。

在个别化学习活动中,教师要充分观察、耐心观察,避免观察随意、缺乏目的;同时要学会忍耐和少干预,为幼儿提供自主探索、发现问题和解决问题的机会;引导幼儿交流分享,根据各自在个别化学习中遇到的各种情况,以开放、创新的提问鼓励幼儿清晰地表达自己的想法。

(2) 自主性游戏活动操作指引

一是优化物质空间,动静游戏分开,避免互相干扰,把建构游戏设置在幼儿不经常走动的区域;二是创设心理空间,营造安全、温暖、信任的环境氛围;三是注重娃娃家的环境创设;四是将环境创设的自主权还给幼儿,尊重幼儿的选择和做决定的权利。

(3) 自然角创设操作指引

一是立足儿童立场,把握幼儿年龄特点,在自然角活动中以幼儿为主体,开展各类探究活动;二是以生命教育为指引,探究动植物、自然环境与人的关系;三是密切家园合作,关注幼儿全面发展,发挥自然角的育人功能。

(4) 生命体验活动操作指引

生命体验活动包括园内生命体验活动和园外生命体验活动。生命体验活动应本着"以幼儿发展为主"的教育理念,让幼儿在自然中陶冶,在社会中锻炼,在交往中提高,促进其身心健康成长。体验活动设计实施由三个阶段组成:第一阶段为调查分析,确立目标,如活动前分析本园幼儿发展的基本状况,了解幼儿的需求,在单元核心经验的基础上预设相应的活动目标,选择相应的活动内容,并根据不同年龄段逐步开展;第二阶段为设计方案,制订细则,充分调动各方面的积极性,集思广益,以项目化的形式制订出最切合实际的、安全、合理、可操作的活动方案;第三阶段为组织实施,确保成功。

表2-3 园内生命体验活动

单元主题	活动名称
第一单元:成长与适应	重阳节敬老活动
第二单元:热爱与自豪	国庆亲子活动 中秋活动
第三单元:应变与生存	消防体验活动
第四单元:感恩与辞旧	新年化装舞会
第五单元:感受与探索	迎"新"活动
第六单元:互助与关爱	"三八"妇女节活动 学雷锋活动
第七单元:起始与展望	植树节活动
第八单元:发现与探究	"五一"劳动节活动
第九单元:期待与回忆	紫薇风筝节亲子活动 端午节活动

表2-4 园外生命体验活动

单元主题	小班	中班	大班
第一单元: 成长与适应	逛逛美丽的幼儿园	参观中国中学	参观博库书城
第二单元: 热爱与自豪	金秋赏桂	最美徐汇	我爱上海
第三单元: 应变与生存	我在马路边	参观上海市公安局	参观上海消防博物馆
第四单元: 感恩与辞旧	感谢周围的人	逛逛邮局	参观敬老院

（续表）

单元主题	小班	中班	大班
第五单元：感受与探索	参观上海儿童博物馆	桂林公园赏梅	参观上海宝山国际民间艺术博物馆
第六单元：互助与关爱	护绿小卫士——参观康健公园	逛逛小超市	参观小学
第七单元：起始与展望	桂平浦北心连心——园所互相参观	参观社区服务中心	樱花大道远足
第八单元：发现与探究	文明之路齐步走	和大班哥哥姐姐手拉手	参观上海市气象局
第九单元：期待与回忆	多彩生命，幸福启航——大班毕业典礼		

"热爱与自豪"园外生命体验活动设计思考与方案

活动背景：

金秋十月，生命教育进入了"热爱与自豪"的单元，这一单元的重点是丰富幼儿对家乡风土人情的认识，激发幼儿热爱祖国、热爱家乡的情感。针对大班、中班和小班不同年龄阶段幼儿的年龄特点和兴趣，开展了同一主题下不同形式和内容的社会体验活动。针对大班，开展了爱家乡、爱上海的生命体验活动"我爱上海"，让大班幼儿变身为小记者去采访路人，变身为小画家去描绘外滩的美景，从而感受家乡上海的美丽景色和丰富的历史底蕴。针对中班，开展了生命体验活动"最美徐汇"，让幼儿来到徐家汇公园的各个景点，近距离感受和了解其历史变迁，为自己家乡的变化感到赞叹。小班的生命体验活动是"金秋赏桂"，结合小班幼儿对动植物的成长变化十分好奇的年龄特点，带领他们去幼儿园附近的桂林公园开展了赏桂、闻桂的活动，让幼儿感受桂花飘香的公园美景。通过这样一系列的社会体验活动，让每个年龄段的幼儿都能为自己是一个中国人，是一个上海人而感到骄傲。

活动名称：

金秋赏桂。

活动对象：

小班。

活动目标：

走进附近的公园，初步了解秋天的季节特征，感受季节的变化；在走走看看中，锻炼耐力和体力，感受集体远足活动的快乐。

活动准备：

幼儿准备：衣着轻便，穿运动鞋。

教师准备：幼儿安全背心、背包、遮阳帽；幼儿出行前的安全教育（不离开教师独自行动，爱护花草树木等）。

活动过程：

一、活动开展前期

去哪里赏桂花？哪天去赏桂花？出发前要准备哪些物品？赏桂花的时候还可以做些什么……家长和孩子围绕这些问题展开讨论，共同规划出行路线，查找有关桂花树、桂花、赏桂花习俗的资料，制订相应的活动计划，如寻找不同种类的桂花、画桂花、拾落桂等；结合既定的活动项目，准备活动材料，如一次性手套、相机、纸、彩笔、透明收集袋等；教师和幼儿商量活动当天的注意事项和活动规则，并把所有需要准备的东西记录下来，做成一份活动攻略。

二、活动开展中期

（一）欣赏秋景

找找秋天的常见植物（银杏树、桂花树、枫树等），欣赏公园内的中式江南建筑（九曲长廊、石舫、八角亭、荷花池、假山等）。

（二）赏桂闻桂

寻找公园里的桂花，闻桂花香、辨桂花色、赏桂树形、观桂树叶、拾落桂。

捡拾秋天的各色宝物：落叶、松果、小果子等。捡拾之后，和幼儿一同观赏、认识各种宝物，如有的树叶像手掌；有的树叶像一朵卷起来的小花，形状各不相同；有的树叶是黄色的；有的树叶是红色的；有的树叶是彩色的，颜色也不一样。

提问：秋天到了，人们都在公园里干什么？人们的衣着有什么变化？为什

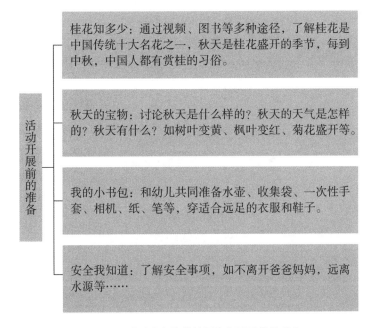

活动开展前的准备

桂花知多少：通过视频、图书等多种途径，了解桂花是中国传统十大名花之一，秋天是桂花盛开的季节，每到中秋，中国人都有赏桂的习俗。

秋天的宝物：讨论秋天是什么样的？秋天的天气是怎样的？秋天有什么？如树叶变黄、枫叶变红、菊花盛开等。

我的小书包：和幼儿共同准备水壶、收集袋、一次性手套、相机、纸、笔等，穿适合远足的衣服和鞋子。

安全我知道：了解安全事项，如不离开爸爸妈妈，远离水源等……

图2-8　小班"金秋赏桂"活动开展前的准备

么会有这样的变化？

捕捉秋日的美景：可以和幼儿一同用相机拍摄孩子眼中的秋日美景，也可以和幼儿一起涂涂画画，进行秋日美景的绘画活动。

和幼儿共同观察公园中的人们与自然互动的行为，一同制作爱心护绿卡挂在树上，并送上美好的祝福。

观察公园中的垃圾分类设施及周边人们的文明行为。

三、活动开展后期

（一）交流分享

观赏照片，说说讲讲今天的赏桂之旅；寻找幼儿园内的桂花树及果树；清洗秋天的宝物。

（二）延伸活动

艺术创作：制作桂花香囊、桂花饰品、桂花拓印、桂花干、叶脉书签、树叶画、树叶贴画等。

品味美食：品尝各类桂花美食，如桂花糕、桂花茶、糖桂花等。

亲子游戏：踩落叶、打落叶仗、打落叶牌、制作落叶小帽子……

四、活动开展路径示意图

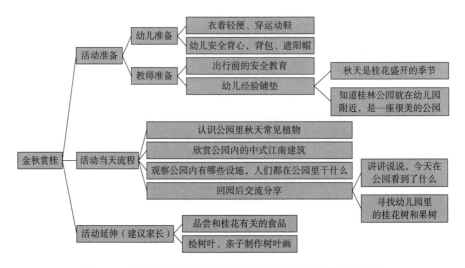

图2-9　小班"金秋赏桂"园外生命体验活动开展路径示意图

活动名称：

最美徐汇。

活动对象：

中班。

活动目标：

让幼儿近距离观看徐家汇的标志性建筑,并在地图上寻找出相应的建筑物,为自己是上海人而感到骄傲;感受徐家汇公园初秋的美景,体验与同伴一起出游的快乐。

活动准备：

幼儿准备:背包、水壶、任务书等。

教师准备:六幅带有徐家汇标志性建筑的图画、标志性建筑的简介、家长志愿者的统一服装、园旗、图章、车辆。

活动过程：

一、活动开展前期

教师、家长和幼儿共同收集徐家汇公园的资料,了解徐家汇公园的历史由来和变迁过程。

教师和幼儿共同商量去徐家汇公园可以做什么,要注意哪些事项。

家长和幼儿共同制作任务计划书,做好各种准备工作。

教师向家长志愿者介绍本次活动的职责:志愿者必须向教师了解所带幼儿的特点;志愿者不带自己孩子参加活动;志愿者在保证幼儿安全的基础上引导幼儿看着地图完成任务,不可包办代替;志愿者必须对标志性建筑有一定的了解,并给找到建筑的幼儿做相关的介绍;志愿者需穿规定的服装。

二、活动开展中期

活动分组进行,每四个幼儿为一组,每组幼儿在家长志愿者或教师带领下,根据设置好的地图路线,寻找徐家汇标志性建筑;找到后,请教师或家长志愿者对建筑进行简单的介绍并拍照留念;最后需找到站在此建筑物旁的家长志愿者进行打卡。

三、活动开展后期

幼儿介绍自己所找到的标志性建筑;分享自己用了什么好办法又快又好地找到标志性建筑;分享活动中自己最开心的事情;分享活动中需要注意的安全事项。

四、活动开展路径示意图

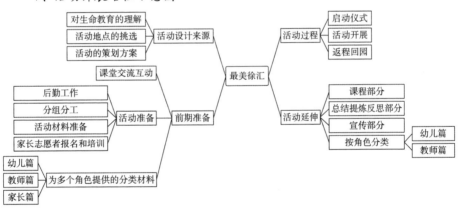

图 2-10 中班"最美徐汇"园外生命体验活动开展路径示意图

活动名称:

我爱上海。

活动对象:

大班。

活动目标:

通过参加活动,感受外滩的美景,萌发热爱家乡的情感;让幼儿在社会活动中学做小记者,在采访中获得相关的经验和知识,培养社会交往能力;增强幼儿的安全意识。

活动准备：

收集上海城市资料以及相关的问题，准备记者证、小书包、水、饼干、铅笔、写生本子。

活动过程：

一、活动开展前期

幼儿和家长一起制作关于"老外滩新上海"的图画书，了解和比较上海的过去和现在。

通过观看视频，感受上海时代的变迁。

回家做小老师，和家长一起开展城市知识小问答。

共同制订活动计划（如参观外滩需要准备些什么）。

二、活动开展中期

变身小记者进行采访：面对游客，主动上前问好并介绍自己，征得游客的同意后，进行简短的采访活动。

浦东滨江大道写生：浦江两岸的风景美不胜收，幼儿用自己的画笔记录下自己眼中最美的上海，一笔一画满是自豪与热爱。

三、活动开展后期

交流分享：在外滩看到了哪些景点，向游客问了什么问题，有没有遇到困难。

四、活动开展路径示意图

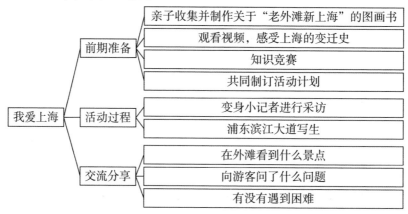

图2-11 大班"我爱上海"园外生命体验活动开展路径示意图

（5）凸显幼儿个性的"多彩星期五"社团活动

"多彩星期五"社团活动是园本化生命教育课程的重要组成部分。通过访谈家长和幼儿，确定了十个社团的名称与内容，按照相同或相似的兴趣爱好划分社团并分别制订规则，自主开展活动。

社团的开展以幼儿为主，教师为辅；社团的内容、材料由幼儿自己选择、准备；社团环境由幼儿自己创设；社团按章程开展活动，以条例进行管理。

每学期初，制订社团活动计划。在每次社团活动前，指导教师根据计划制订具体的指导方案，还探索了多种评价方法，如主体参与评价、营造气氛评价、融入过程评价、挑战激励评价，以促进幼儿全面发展。

（6）凸显幼儿自主表达的"星期音乐会"

"星期音乐会"为每个幼儿提供了一个展示自我、表现自我的平台，音乐会的主持人和小演员均由幼儿担任，同时也会邀请其他班级的幼儿和家长共同来观看表演。除了幼儿的表演外，还欢迎爸爸妈妈们参与到"星期音乐会"中，以亲子表演的形式展现不一样的精彩。幼儿园定期发放"星期音乐会"报名表，由负责教师统一安排表演时间和场地，并公布节目单。

（7）凸显家园合作的"宝宝知心书吧"

我园始终注重传承"书香校园"的理念，营造浓浓的阅读氛围，让读书成为习惯。"宝宝知心书吧"以新颖活泼、形式多样的读书活动为载体，围绕"家园共育，传承和发展书香校园"的工作目标，通过多读书、读好书、好读书，激发家长和幼儿的读书兴趣，为幼儿个性和谐发展积淀深厚的文化内涵。

活动伊始发放好书推荐表；各班家委会负责汇总推荐表，进行网上交流；各班建立"宝宝知心书吧"；在活动实施过程中，由家委会成员组成书吧负责小组，借书日下午四点离园时，家长带着幼儿参与借书活动，做好相应的借书登记，疫情期间，开展线上书吧活动，通过视频交流等形式推荐分享绘本；活动结束后，开展经验交流，分享亲子阅读经验。

表2-5 "宝宝知心书吧"推荐书目

单元主题	家长阅读书目	宝贝阅读书目
第一单元(9月) 成长与适应	《适应力》 《宝贝宝贝》 《在游戏中帮助孩子提高适应力》	《我长大了》 《我能适应新环境》
第二单元(10月) 热爱与自豪	《长大成熊》 《快乐长大(学前小学版)》 《怎样让孩子快乐成长》	《长大后我想成为》 《长大以后做什么》
第三单元(11月) 应变与生存	《小学生平安100分》 《好妈妈提升孩子自我保护能力的88个关注点》	《儿童自我保护能力训练全书》 《儿童安全120》
第四单元(12月) 感恩与辞旧	《成就杰出孩子的礼仪课》 《佩蓉教孩子学礼仪》	《新年快乐——儿童最爱DIY祝福贺卡》 《最用心的新年礼物》
第五单元 (1—2月) 感受与探索	《图说中国交际礼仪101》 《礼貌的力量》	《小白兔给小熊拜年》 《储蓄好习惯》
第六单元(3月) 互助与关爱	《生命哲思录——改变你一生的哲学智慧》 《生命的线》 《生命感悟》	《小布谷鸟》 《大自然童话绘本》
第七单元(4月) 起始与展望	《人生的意义和价值》 《生命的孕育》 《生命的品质》	《种子哈哈笑》 《219只螳螂》
第八单元(5月) 发现与探究	《心存敬畏》 《生命的真相》 《生命的安顿》	《让你大开眼界的300个奥秘》 《探索大自然》
第九单元(6月) 期待与回忆	《礼仪中国》 《中国人的礼俗》	《愉快学礼仪》 《新年联欢会》
第十单元 (7—8月) 防范与保护	《幼儿生活安全教育宝典》 《儿童自我保护能力训练全书》 《为3岁孩子必做的58件事》	《我的第一本安全手册》 《儿童45种自我保护的方法》

（8）凸显自主选择的区域性运动

根据幼儿园环境，因地制宜地把各种不同的场地创设成不同的运动区域，投放不同的材料，让幼儿在丰富的运动环境中自由选择、自主结伴、自选玩法。同时，在运动活动的设计中，兼顾生命教育安全、健康、情感等生命品质提升的要求。我园的主要做法包括：运动器材定期更换；观察了解幼儿的兴趣点，根据幼儿的兴趣、需要和不同发展水平，提供多样性与层次性的活动；提供充足的低结构器材，鼓励幼儿展现富有创意的玩法；注意运动器材的安全性。

表2-6　区域性运动方案

活动区	
场地	东操场
器械材料	主要器械与材料：大运动器械、轮胎 辅助材料：水枪、斜挎背包、动物玩具若干、软垫、大板车、手套、头盔、护膝
玩法示例	主要动作、发展要点
1. 负重背水枪灭火 2. 水枪远程定点灭火 3. 直体悬垂 4. 拖拉、推滚、钻洞、攀爬 5. 手脚并用匍匐前行	负重、射击、悬垂、匍匐前进、手眼协调、耐力、灵敏性等
重点观察 与指导	1. 观察幼儿远程射击的方法 2. 观察幼儿对轮胎的玩法及探索兴趣 3. 观察幼儿身体的动作能力发展状况 4. 观察幼儿有无合作的意识 5. 观察幼儿有无自我保护的意识 6. 帮助幼儿习得一物多玩的新玩法
活动提示	1. 引导幼儿对准目标射击，不做伤害自己和同伴的动作 2. 引导幼儿探索轮胎的创造性玩法 3. 引导幼儿悬垂时双手握紧悬垂物，游戏时学会等待，遵守规则 4. 提醒幼儿匍匐前行时，注意自我保护

（9）养成文明进餐习惯的"世界风情自助餐"活动

体验自助餐自在、快乐、宽松的氛围；了解并掌握自助餐的礼仪，学会礼让、排队；养成文明的进餐习惯，如轻拿轻放物品，食品不掉地，不贪吃，吃多少盛多少，不挑食，合理搭配食物，自我管理餐具；激发幼儿珍惜粮食、爱惜厨师的劳动成果的情绪情感；培养幼儿基本生活能力和自我服务能力。

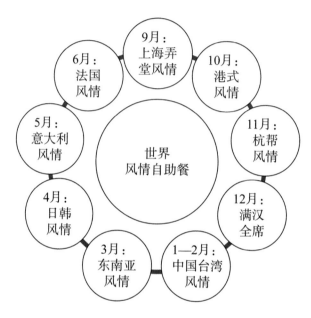

图 2-12 "世界风情自助餐"活动

（三）课程实施与评价

1. 课程实施机制

为保障生命教育的整体推进，我国构建了"主体交互、过程相通"的幼儿生命教育课程整体实施机制，形成了包括家园深度合作、浸润式环境创设、教科研融合、教师生命教育素质提升等机制，从管理制度、空间布局、形象标识、师资发展等各维度整体推进，解决了幼儿生命教育实践层面的难题，实现了不同生命教育主体之间的良性互动。

2. 课程评价

我园构建了园长、教师、家长、社区、专家团队多主体共同参与的课程评价机制,开展全方位评价,注重过程性评价,并基于评价,不断改进与完善课程体系。

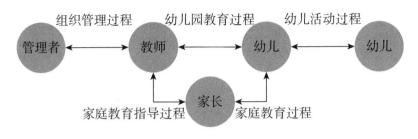

组织管理过程　　幼儿园教育过程　　幼儿活动过程

管理者 ◀▶ 教师 ◀▶ 幼儿 ◀▶ 幼儿

家长

家庭教育指导过程　　家庭教育过程

图 2 - 13　幼儿生命教育课程实施机制

（1）对课程方案的评价

评价内容:参考《上海市幼儿园保教质量评价指南(征求意见稿)》及生命教育课程实施方案内容进行评价,就课程方案的可行性、课程结构的科学性、课程内容的合理性等多方面进行评价。

评价方法:包括形成性评价、总结性评价、内部评价、外部评价等多种评价方法。

评价原则:遵循评价应有利于改进与发展课程原则、自评为主并整合多元主体的需求和建议原则、有利于幼儿的发展原则以及评价科学有效原则,不断完善生命教育课程实施方案,有效提高生命教育质量。

评价频率:每周一次家长观摩活动;每月一次班级教学活动展示、课程小组评价;每学期一次教师听课评课、教师半日活动开放、家长半日活动开放、教师调查问卷与访谈、家长调查问卷与访谈、教育专家把脉以及各类开放展示活动。

（2）对教师课程实施的评价

评价内容:包括对教师生命教育课程十个单元主题活动实施的考核评价、每月教师课程实施的项目评价等。

评价方法:主要通过看课评课、案例分享、家长问卷等形式,开展线上、线下评价,鼓励教师自评,辅以同行、家长、园长和专家的外部评价。

表2-7 教师课程实施的评价内容与方法

单元主题	时间	评价内容	评价方法
第一单元:成长与适应	9月	班级环境创设分享与交流	观摩、交流与互评
第二单元:热爱与自豪	10月	教师指导幼儿律动	观摩与互评
第三单元:应变与生存	11月	教师对幼儿安全知识和防护能力教育的评价	抽查幼儿
第四单元:感恩与辞旧	12月	家长对幼儿发展的评价反馈	家长参与
第五单元:感受与探索	1—2月	宝宝成长册交流与分享	观摩、交流与互评
第六单元:互助与关爱	3月	个别化学习活动创设与交流	观摩、交流与互评
第七单元:起始与展望	4月	自然角环境创设与交流	观摩、交流与互评
第八单元:爱护与探究	5月	教师案例交流与分享	网上交流与点评
第九单元:期待与回忆	6月	课程实施资料收集与整理	网上收集与点评
第十单元:防范与保护	7—8月	暑期课程资料的推送	网上展示与点评

评价类型:以形成性评价为主,辅以总结性评价,鼓励教师自评,同时辅以同行、家长、园长和专家的外部评价。形成性评价重教师课程实施的基础性要求;基础性评价注重教师日常课程实施的基本要求;选择性评价指教师根据课程进展情况,在每学期选择自己最有亮点的或有特色的项目作为单项申报,以获得相应的认定和奖励;总结性评价是园方针对基础性评价和选择性评价给予总结性的结论。

评价原则:遵循评价标准、办法、过程、结果公开的原则,结合教师基本素质、专业能力,进行全面性评价的原则。

评价频率:每周一次看课评课;每月一次专项交流与分享、案例分享;每学期一次家长问卷;每年一次教育教学展示与评比;两年一次园骨干教师选拔。

(3)对幼儿发展的评价

评价内容:基于《上海市幼儿园保教质量评价指南》及《上海市幼儿园办园

质量评价指南(试行稿)》,结合生命教育课程特色培养目标,我园建构了幼儿发展评价指标与具体实施内容,帮助教师更好地进行观察与分析。

研读《上海市幼儿园办园质量评价指南(试行稿)》,
彰显生命教育课程评价特色

《上海市幼儿园办园质量评价指南(试行稿)》(以下简称《评价指南》)的颁布,为各级各类幼儿园提高办园质量提供了有力的支持,更好地帮助幼儿园构建一套具有操作性和科学性的评价体系。在学好学透《评价指南》的基础上,我们努力思考生命教育课程评价体系。

我们将《评价指南》中"3—6岁儿童发展行为观察指引"和幼儿园生命教育课程的核心要素进行对照,梳理出生命教育幼儿发展行为观察指引。以下以"对自己"行为观察指引为例。

认识生命:①知道自己的基本信息;②从生理上区别自己和他人;③感受成长。

热爱生命:①调节自我情绪;②能自信表现;③有运动兴趣;④能感受和表达爱。

尊重生命:①自主性;②成就性;③独立性;④挑战性。

保护生命:①具有良好的生活卫生习惯;②懂得如何预防疾病;③具备自我保护的意识和方法。

幼儿行为观察指引为教师观察幼儿提供了依据,让教师明确观察的目的,去发现幼儿的已有经验及发展现状。

(教师 徐秋蓉)

表 2-8 多彩生命树十单元主题课程重点观察内容

	表现行为水平 1	表现行为水平 3	表现行为水平 5	表现行为水平 7
第一单元：成长与适应重点：认识我们的身体	认识自己的小手、小脚，喜欢用自己的小手、小脚。	初步了解身体的外形结构和五官功能（保护牙齿）。	认识自己身体主要部位的外部特征，体验它们的作用。	探索身体各部位的秘密，发现自己和别人不一样。
第二单元：热爱与自豪重点：快乐成长，友好交往	有自己喜欢的同伴，喜欢与同伴一起玩（愿意表达）。	愿意与同伴共同游戏，参与同伴游戏时能提出请求（友好交往）。	愿意倾听同伴的需求，接受同伴的意见和建议，主动和同伴交往。	知道身边人的需要，愿意主动帮助他人，体验和大家做朋友的快乐。
第三单元：应对与生存重点：安全我知道	在成人的提醒下，能紧跟着养育者躲避危险。	了解生活中的安全规则，初步安全意识（不跟陌生人走）。	遇到危险时，知道避开，有一定的自我保护的简单知识和方法（保护隐私部位）。	知道哪些是危险的事情，遇到紧急事情知道简单的处理方法（知道消防或求救的方法）。
第四单元：感恩与珍惜重点：生病了怎么办	在成人的鼓励、关爱下，愿意接受检查和治疗。	生病时，愿意配合检查和治疗。	生病难受时，能将感受告诉成人。	知道一些简单的疾病预防和自我保护的方法。
第五单元：感受与探索重点：做客的文明礼仪	愿意向熟悉的成人拜年。	初步了解简单的春节习俗，感受春节的热闹。	了解春节习俗，能与长辈、同伴一起迎接春节，体验春节的快乐。	了解春节习俗，对民间艺术感兴趣，乐意与同伴交流分享，感受过年的快乐。

（续表）

	表现行为水平 1	表现行为水平 3	表现行为水平 5	表现行为水平 7
第六单元：互助与关爱 重点：关爱的教育	在成人的鼓励下，尝试用肢体或语言表达爱。	感知他人的表情及变化，发现亲近的人身体不适或情绪不佳时，能表示关心。	能注意到熟悉的人的情绪，并表现出关心和体贴。	在爱和被爱的互动中，愿意大胆表达自己的情感。
第七单元：起始与展望 重点：动植物的生长	在成人的引导下，愿意亲近动植物，感知动植物的生长。	喜欢观察动植物的变化，对动植物的生长感兴趣。	能照顾身边的动植物，能理解动植物和人类一样是独特的生命。	认识动植物生长轮回的自然规律，感知生命的过程，能尊重善待动植物。
第八单元：发现与探究 重点：自我服务	在成人的帮助下，愿意动手做自己的事。	有独立做事的愿望，愿意做自己力所能及的事情。	自己事情尽量自己做，不轻易依赖他人。	自己的事情能自己做，愿意做着各种事情。
第九单元：期待与回忆 重点：升班啦	喜欢幼儿园，感受上幼儿园的快乐。	知道自己长大了，体验成长的快乐。	感知自己的变化，感受自己的成长。	有入小学的愿望和兴趣，向往小学生活。

注：水平 2 介于水平 1 和水平 3 之间；水平 4 介于水平 3 和水平 5 之间；水平 6 介于水平 5 和水平 7 之间。

评价方法：通过自然观察法、情境观察法、行为检核观察法、自我评价以及教师、幼儿、家长多元主体评价等多种评价方法，确保评价的科学性，关注评价的过程性和发展性。

表2-9　生命教育课程评价(对幼儿发展的评价)

评价方法	内容	评价者
观察记录	幼儿"习惯与自理"观察记录 幼儿"探究与认知"观察记录	教师
访谈评价	"语言与交流"亲子谈话活动观察记录	幼儿、家长
量化测试	幼儿身高、体重、视力定期测试	教师、保健老师
作品分析	幼儿作品"美感与表现"分析	教师
自我评价	幼儿"健康与体能"自我记录	幼儿
情景测评	每月"自我与社会"幼儿社会实践活动记录 每学年中大班幼儿能力水平测试	幼儿、家长、教师
成长档案	每单元幼儿综合发展评估(教师版)(家长版) 宝宝成长记录	教师、家长
观摩评价	每月大活动、学期亲子开放活动、社团开放活动等的反馈	教师、家长
环境评价	班级"星星榜""小达人"等环境互动评价	幼儿、教师

评价类型：包含过程性评价及终结性评价两类。过程性评价是指在幼儿园生命教育课程实施中收集幼儿常态表现，并及时反馈和利用过程性评价结果来调整班级生命教育课程与教学决策，促进幼儿更好地发展；每学年，定期对大班幼儿做一次全面的终结性评价，以了解幼儿各领域的整体发展情况。

评价原则：遵循常态化评价、多元主体参与评价、幼儿自我评价相结合的原则。

评价频率：每周一次对幼儿各方面的表现及表现水平开展观察反思；每月一次结合单元主题活动对幼儿开展发展性评估，并撰写案例分析；每学期一次对大班幼儿进行综合能力测评。

0—3 岁起始生命教育课程亲子活动推荐

一、送教上门活动推荐

（一）活动名称

训练抬头（0—3 月龄）

（二）设计思路

婴儿出生时，大脑在细胞数目、形态结构上大体已与成人相近，已经具有了视、听、触等各种感觉能力，但大脑的发育还不完全，脑的功能尚待改善，相对成人来说，运动能力还很差。因此，要开展一些有利于动作发展的训练活动。通过锻炼颈、背部肌肉，促使婴儿早抬头。

（三）玩法与建议

1. 俯卧抬头：每天让婴儿俯卧一会儿，并用玩具逗引他抬头。注意床面要硬一些，时间不要太长，以免孩子太累。从半个月以后，在两次奶间可开始练习，开始时练习 30 秒，逐渐延长时间。

2. 竖抱抬头：喂奶后竖抱婴儿，使头部靠在家长肩上，轻轻地拍几下背部，使婴儿打嗝，防止溢乳。打嗝后，手离开婴儿头部，让头部自然立直片刻。每天 4—5 次，以促进婴儿颈部肌力的发展。

3. 俯腹抬头：婴儿空腹时，将婴儿放在家长胸腹前，使婴儿自然地俯在家长的腹部，双手放在婴儿的背部按摩，逗引婴儿抬头。

二、操节活动推荐

（一）活动名称

预防感冒按摩操（4—5 月龄）。

（二）设计思路

通过按摩，让婴儿的肌肉受到一定的刺激，以此来锻炼婴儿肌肉，促进血液循环。

（三）环境创设

播放较为抒情的乐曲。

（四）玩法与建议

视情况每日在家中给婴儿做操，每天两次（早、午或早、晚）。

第一节：按摩四肢

预备姿势：婴儿仰卧。

动作:家长从宝宝手腕到胸部以螺旋状手势进行按摩,并用同样的方法从脚掌到胯下进行按摩。在婴儿咳嗽时,按摩四肢,能帮助他的呼吸通畅。

第二节:按摩肩部

预备姿势:婴儿仰卧。

动作:家长用手轻轻按摩婴儿肩部和颈部的连接处,使幼儿呼吸通畅。

三、语言活动推荐

(一) 活动名称

有趣的声音(6—9 月龄)。

(二) 设计思路

通过此活动,培养婴儿倾听儿歌的兴趣,鼓励婴儿尝试发出各种音节,初步发展对语言的理解能力。此阶段的婴儿对有韵律的语言特别感兴趣,同时有极强的模仿兴趣,象声词最能激发婴儿模仿发声的兴趣。

(三) 环境创设

投放小汽车、方向盘、响铃、小鼓。

(四) 玩法与建议

1. 家长带领婴儿进入事先布置好的活动室,提供方向盘、响铃、小鼓、小棒等,引导婴儿按自己的兴趣去看看、摸摸、认认各种玩具。

2. 在婴儿摆弄的过程中,家长应不断地用语言加以引导,告诉孩子玩具的名称,让孩子听听玩具的声音,选择自己喜欢的玩具。

3. 念儿歌:小车小车嘀嘀嘀,小车小车叭叭叭;小铃小铃叮叮叮,小铃小铃当当当;小鼓小鼓咚咚咚! 婴儿边玩边听,模仿家长做动作。充分满足婴儿的兴趣后,引导婴儿家长一起说说、学学象声词。

4. 家长的指导语要尽量游戏化,并注意用词的丰富性。

5. 若月龄较小的婴儿在游戏过程中不愿开口说话,家长可激发他听的兴趣,或激发他摆弄玩具的兴趣即可,尽可能尊重孩子的意愿。

6. 家长在家中可根据孩子的兴趣,提供更多有趣的发声玩具,通过简单的儿歌鼓励孩子学学、说说象声词。

四、户外运动推荐

(一) 活动名称

快乐一家人(13—18 月龄)。

(二) 设计思路

通过活动,进一步促进幼儿爬行中身体的协调性和控制能力的发展。在爬行时,设置一定的障碍,可让幼儿的各项能力得到提高。

(三)环境创设

1.投放大型软体积木、彩色橡筋、各种毛绒玩具、带音效的玩具等。

2.将材料放置在安全的活动场地上。

(四)玩法与建议

1.家长引导幼儿观看场地上不同的玩具,激发幼儿玩耍的兴趣。

2.布置各种软体积木、彩色橡筋等障碍物,鼓励幼儿越过障碍物。

3.找玩具:幼儿找到喜欢的玩具后摆弄,并将自己喜欢的玩具放在一起,他们可能对爬障碍物有兴趣,会反复地爬。

4.运玩具:鼓励幼儿越过障碍物将玩具送给家长。

5.大家一起玩:家长和幼儿一起给玩具找"家"。

6.家长始终以游戏口吻鼓励幼儿活动,并在活动中尊重幼儿的意愿和需要,让幼儿自由地玩。若幼儿不愿爬而喜欢走,家长不应强迫幼儿,可用自己爬的动作来提升幼儿模仿的兴趣。

五、精细动作活动推荐

(一)活动名称

夹夹乐(19—24 月龄)。

(二)设计思路

通过活动发展幼儿手指的灵活性及手指的力量。这个年龄段幼儿的手指已比较灵活,也具备了一定的动作技能,对一些操作活动也有较大的兴趣,但手部力量的控制还有待进一步增强。

(三)环境创设

投放夹夹乐玩具、八角架、手帕、袜子、小衣服等。

(四)玩法与建议

1.引导幼儿观察活动室环境,观察桌上各种夹夹乐玩具,并认一认、说一说,激发幼儿模仿成人晾衣服的兴趣。

2.有的幼儿可能不感兴趣,家长可以与幼儿一起玩游戏,以激发幼儿继续玩的兴趣。

3.家长用语言引导幼儿观察怎样把衣服晾起来。

4.鼓励幼儿自己尝试,当幼儿遇到困难时,家长可以适当帮助一下。

5. 家长可让幼儿摆弄生活中安全的物品,如衣服拉链等。

六、认知能力活动推荐

(一)活动名称

颜色宝宝来跳舞(25—36 月龄)

(二)设计思路

此阶段的幼儿已初步建立颜色的概念,能辨别常见的颜色,对周围事物充满好奇心,愿意动手摸摸、玩玩。家长应鼓励幼儿大胆探索,在游戏中认识颜色,辨别颜色。

(三)环境创设

提供棉签、六种颜色的颜料、报纸、宣纸、夹子。

(四)玩法与建议

1. 活动前,根据幼儿的兴趣,引导其观察并说说各种不同的颜色。

2. 会跳舞的颜色:在家长的帮助下,将纸折成不同的形状进行浸染。在浸染的过程中,幼儿可能会运用工具进行染色,也可能直接将纸浸染在颜料中,家长可尊重幼儿的喜好。

3. 会变的颜色:在浸染的过程中,家长可引导幼儿观察颜色的变化,说说什么颜色和什么颜色混合在一起变出了哪种颜色。

4. 在浸染结束后,家长帮助幼儿将作品打开,鼓励幼儿自己将作品夹在夹子上进行展示。

0—3 岁起始生命教育课程在园活动推荐

一、运动活动推荐

(一)活动名称

蚂蚁运粮(25—36 月龄)。

(二)环境创设

平整的场地,大小纸箱和套圈若干,各种形状、大小的沙包若干。

(三)重点发展动作

爬。

(四)玩法

1. 幼儿用各种方法钻爬用套圈搭成的大小"山洞"。

2. 沙包(代表"粮食")放置在场地四周,幼儿找到沙包后钻过"山洞",将沙包送到大小纸箱内。

3. 幼儿分别蹲或者趴在大小纸箱内,表示蚂蚁过冬了。

二、游戏推荐

(一) 活动名称

打扫房间(25—36 月龄)。

(二) 环境创设

投放扫帚、簸箕、玩具。

(三) 玩法

1. 幼儿手拿扫帚,把垃圾扫入簸箕中。

2. 幼儿把垃圾倒入垃圾桶。

(四) 观察重点

1. 幼儿如何使用工具打扫房间。

2. 游戏结束后,幼儿如何整理工具。

三、生活活动推荐

(一) 活动名称

小鞋子(25—36 月龄)。

(二) 环境创设

1. 物质准备:漂亮的小鞋子图片若干、小朋友穿鞋的视频。

2. 经验准备:认识自己的鞋子。

(三) 活动建议

1. 活动导入:幼儿观看小朋友穿鞋的视频。

2. 观看小鞋子图片,为学习儿歌作铺垫。

3. 带领幼儿一起念儿歌《小鞋子》:小鞋子,是小屋,小脚丫,暖乎乎。

4. 幼儿学着区分鞋子的左右,并学习自己穿鞋。

(四) 活动延伸

家长可以边念儿歌边讲解穿鞋的步骤:先把小鞋子按左右脚摆好,然后再穿。鞋子若穿反了,小脚丫在里面会很难受。

3—6 岁多彩生命教育课程集体教学活动推荐

一、生命探索活动推荐(小班)

(一) 活动名称

小耳朵本领大

（二）活动目标

1. 喜欢听辨周围的各种声音。

2. 在听听、猜猜、学学、做做中尝试区别不同的声音，了解不同声音所表示的不同意义。

重点：区别生活中不同的声音。

难点：区分并了解声音的意义。

（三）活动准备

PPT、门铃声、小朋友的笑声、救护车的声音、蚊子的声音、马桶冲水声、报警器的声音等音频、幼儿园视频。

（四）活动过程

1. 谜语导入，激发兴趣

引导语：我们的游戏要开始了，先请你来猜个谜语：两个好兄弟，左边一个，右边一个，从来不见面，全靠仔细听。

关键提问：小耳朵有什么本领？

小结：我们的小耳朵能听各种各样的声音。

2. 仔细分辨不同的声音，了解声音的意义

引导语：今天就来做一个"小耳朵听听看"的游戏。

（1）播放小朋友的笑声音频

关键提问：咦，你们听到了什么啊？ 你们的笑声是这样的吗？

小结：你们笑的声音真好听，老师听到你们的笑声就知道你们在幼儿园里很开心。

（2）播放小猫咪的叫声音频

关键提问：这是什么声音呀？ 你们还知道哪些动物的叫声？ 谁来模仿动物的叫声，让大家来猜一猜？

小结：原来许多动物朋友都有自己的叫声，听到它们的叫声，我们就能知道它们是什么动物了。

（3）播放救护车的声音音频

关键提问：到底是哪种车发出的声音呢？

小结：有些人生病了，需要救护车把自己送到医院，救护车为了快速地把病人送到医院，会在马路上发出特殊的声音，其他司机听到这种特殊的声音就知

道救护车来了,就会马上给救护车让出道路,让救护车快快通过。

(4) 播放蚊子的声音音频

引导语:前面的声音都难不倒你们,下面这个声音你们可要仔细听哦。

关键提问:听到是什么声音了吗? 你们有没有听到过蚊子"嗡嗡嗡"的声音呀?

小结:你们的小耳朵本领可真大,这么轻的声音都听出来了。

(5) 播放马桶抽水声的音频

关键提问:请你们来听听这是什么声音? 你们听出来了吗?

小结:我们每次上完厕所,需要按一下马桶上的按钮,用水把马桶冲干净。

(6) 播放警报器声音的音频

引导语:这个又是什么声音呢?

关键提问:听到这个声音,我们要干什么呢?

小结:警报器的声音虽然不好听,很刺耳,但是可以提醒我们遇到危险的时候,要赶紧躲到安全的地方去。

总结:如果你们用心听,会听到生活中许多有趣的声音,会发现我们生活是那么精彩。

3. 欣赏美妙的声音,感受生活中的美

引导语:(播放幼儿园视频)宝贝们,老师在我们幼儿园里也发现了许多美妙的声音,请你们一起来听一听,猜猜看这些是什么声音呢?

关键提问:你们都听到了什么声音呀?(小鸟的叫声、做操的声音、小朋友们做游戏时的笑声、来园打招呼声等)

小结:我们的幼儿园里有各种美妙的声音,快用你的耳朵去感受生活中的美好吧。

活动延伸:去幼儿园里寻找更多好听的声音。

二、艺术活动推荐(小班)

(一) 活动名称

欢迎来我家。

(二) 活动目标

1. 在做客的情境中学唱歌曲。

2. 在与同伴共同做客的情境中感受欢乐。

重点:学唱整首歌曲。

难点：将几种不同动物的声音唱到歌曲中去。

活动准备：多媒体课件、音乐、卡通人物衣服、动物的家场景。

（三）活动过程

1. 音乐导入，激发兴趣

引导语：小朋友们，让我们跟着音乐一起扭扭身体吧。

2. 复习歌曲《大家一起唱歌》

引导语：请大家用好听的声音来和动物朋友们打招呼。

小结：你们的歌声真好听，动物朋友都非常喜欢你们。

3. 感受歌曲的旋律

引导语：刚刚小动物们听了你们的歌声后，都来欢迎你们去它们家里做客。

关键提问：猜猜这幢房子是谁的家？你们怎么发现这是小狗家的？

小结：原来你们听到了小狗的叫声。

4. 去"小狗家"做客，学唱歌曲

引导语：猜猜看，我们要去谁的家做客呀？

关键提问：小狗在热情地欢迎我们，你听到了什么？

小结：教师根据幼儿的回答用歌曲内容来总结。

5. 去"小鸭家"做客，再次熟悉歌曲

关键提问：小鸭是怎么样欢迎客人的？小鸭的欢迎歌和小狗的欢迎歌有什么不同？

小结：原来不同的动物的歌声和动作都是不同的，我们一起来学学小鸭。

6. 去"小猫家"做客，尝试替换部分歌词

关键提问：小猫不会唱欢迎歌，谁愿意帮帮它？

小结：大家唱得真好，能把小猫的叫声唱到歌曲里，而且还能边唱边做小猫的动作，摸摸胡子、摆摆尾巴，我们再来一次，这次我要看到不一样的动作哦。

7. 幼儿自选角色欢迎客人

关键提问：你们想不想扮演小鸭、小狗、小猫或者其他小动物来欢迎老师呢？

小结：要用小动物好听的声音和动作来欢迎客人。

活动延伸：和动物朋友一起来跳舞。

三、生命探索活动推荐（中班）

（一）活动名称

请不要随便摸我

（二）活动目标

1. 在认识身体各个部位的基础上，了解哪些部位是身体的隐私部位。

2. 不让他人触摸自己的隐私部位，了解简单的自我保护的方法。

重点：身体的隐私部位不能被别人触碰。

难点：身体的哪些部位是隐私部位，男孩女孩各不同。

（三）活动准备

情景：穿泳衣的男孩和女孩，坏叔叔给糖吃，要求小朋友脱裤子，坏叔叔触摸小朋友屁股，妈妈爸爸给宝宝洗澡，医生给宝宝检查身体（妈妈在），医生给宝宝检查身体（妈妈不在）。音乐：《我的身体》。

（四）活动过程

1. 身体律动，引起幼儿兴趣

（1）跟随音乐动动自己的身体。

（2）游戏：你说我做（摸摸你的头，拍拍你的肩膀，指指你的胸，揉揉你的肚子，拍拍你的屁股，捶捶自己的腿，碰碰你的膝盖）。

2. 了解身体的隐私部位

引导语：在刚才的游戏中，聊到我们的隐私部位。

关键提问：你知道什么是隐私部位吗？

小结：隐私部位指的是出于礼仪、卫生等原因，用衣服遮盖起来、不能让别人看、也不能让别人摸的地方。

关键提问：你觉得哪些部位是我们的隐私部位呢？

小结：原来短裤和背心遮住的地方就是身体的隐私部位，不可以让别人看，也不能让别人触摸。

关键提问：男孩和女孩的隐私部位一样吗？

小结：女孩除了短裤以外，还有小背心遮盖的地方也是隐私部位。

3. 自我保护的方法

（1）隐私部位既然这么重要，那我们该怎么保护呢？

关键提问：如果有人要触摸你的隐私部位，你该怎么做？（说"不"，大声呼救，告诉爸爸妈妈……）

（2）游戏：请不要随便摸我。

出示情景图片，让幼儿判断，认为对的就站起来，认为错误的就说"不"。

（五）延伸活动

1. 在区角活动中,幼儿看看、听听《不能随便摸我》的小视频。

2. 幼儿和爸爸妈妈聊一聊关于隐私部位的话题。

四、传统文化活动推荐（中班）

（一）活动名称

趣味画虾。

（二）活动目标

1. 在观察的基础上,初步尝试用水墨大胆地表现虾的形态。

2. 在画画玩玩的过程中,初步体验画水墨画的乐趣。

重点:在观察与分享中,发现虾的各种形态,并愿意用水墨的方式表现。

难点:在画画玩玩的过程中画出虾的细节。

（三）活动准备

1. 经验准备:幼儿事先欣赏过齐白石的一些作品。

2. 物质准备:河虾（实物若干）、大屏幕、水墨画（《墨虾》）、绘画纸、黑色颜料盘、记号笔、小毛巾、背景音乐、反穿衣、垫子、投影仪、背景板。

（四）活动过程

1. 自主观察,发现虾的形态特征

关键提问:你们看看它们是谁? 虾的头上有什么? 脚是什么样的? 钳子是什么样的? 背上还有什么?

小结:小虾小虾真有趣,圆圆的眼睛,长长的触角,大大的钳子手中拿,弯弯的背上有体节。

2. 欣赏水墨画《墨虾》

关键提问:《墨虾》是用什么画的? 你们喜欢这幅画吗? 说说你喜欢的理由。

小结:水墨画有的地方颜色画得深,有的地方颜色画得浅,深深浅浅的颜色搭配在一起,使作品表现出了不一样的美。

3. 画一画,大胆地表现虾的形态特征

（1）幼儿首次尝试画虾

关键提问:看了齐白石爷爷的《墨虾》,你们想不想试一试? 你会用什么方法来画虾呢? 请你们到后面的桌子上去试试看。

重点观察与指导:幼儿是用手的哪个部位来画虾,并给予指导。

（2）分享交流自己画虾的方法

关键提问:刚才你用什么方法来画虾的呢? 你在画的过程中,遇到什么困难了吗?

（3）幼儿再次尝试绘画,表现虾的不同形态

4. 作品分享

关键提问:你画的虾在干什么?

小结:有的虾两只大钳子是直直的,原来是在找吃的;有的虾是弯弯的,原来是在捉迷藏。

（五）活动延伸

幼儿将自己的绘画作品布置在教室里。

五、生命探索活动推荐(大班)

（一）活动名称

创可贴的秘密。

（二）活动目标

1. 初步学习处理出鼻血、小创伤的方法。

2. 进一步提高安全意识,知道有些轻微伤害是可以自己处理的,遇到突发事件不惊慌。

重点:知道轻微伤害可以自己处理,并尝试急救处理的正确方法。

难点:进一步提高安全意识,遇到突发事件能冷静处理。

（三）活动准备

1. 经验准备:调查生活中容易发生的"小小意外伤害"。

2. 物质准备:PPT,医生手术服,急救箱,棉棒,创可贴,娃娃(画好小伤口),急救手册,地垫,投影仪,调查表。

（四）活动过程

1. 回忆与分享

（1）小小意外伤害

引导语:前几天,我们班级小朋友做了一个调查,整理出了我们班小朋友生活中容易发生的"小小意外伤害"。

关键提问:"小小意外伤害"发生了,我们该怎么办? 这些处理方法正确吗? 医生遇到这些"小小意外伤害"会怎么处理呢?

（2）邀请神秘嘉宾

关键提问:他是谁? 医生的服装为什么有点不一样? 遇到这些小小意外伤害,我们小朋友应该怎么做?

小结:不是很严重的意外伤害,我们可以在家处理;比较严重的伤害,建议到医院寻求专业医生的帮助。

2. 跟着医生学本领,正确处理流鼻血

关键提问:这些是小朋友在流鼻血时经常会使用的方法,哪种方法最科学? 最近孩子们流鼻血的现象增多,有哪些可以预防流鼻血的好方法?

小结:流鼻血是可以预防的,我们平时要多喝水,防止身体缺水上火;但是如果经常流鼻血,就要去医院进行检查,看看有没有疾病发生。

3. 学做小小急救员

(1) 介绍创可贴的使用方法

关键提问:两个小朋友使用创可贴的方法哪里不一样? 医生使用创可贴的方法好在哪里,为什么?

小结:使用创可贴时,小手不要碰到创可贴黄色药膏的部分。

(2) 认识各种各样的创可贴

医生介绍各种不同创可贴的功能和使用方法。

小结:创可贴能帮助我们的伤口更快、更好地恢复,保护我们的健康。

(3) 学做小小急救员。

六、传统文化活动推荐(大班)

(一) 活动名称

"柿"事如意。

(二) 活动目标

1. 通过观察、比较,发现柿子不同的颜色、外形特征,愿意大胆尝试用毛笔画柿子。

2. 体验水墨画特有的表现方式,感受中国传统绘画的乐趣和魅力。

重点:用合适的方法画不同造型的柿子。

难点:感知水墨画的独特之美。

(三) 活动准备

1. 经验准备:对柿子树感兴趣,看过、摸过、吃过柿子。

2. 物质准备:PPT、视频、毛毡、洗笔桶、笔架、毛笔、宣纸、反穿衣若干。

(四) 活动过程

1. 说一说辞旧迎新送祝福

关键提问:你想给谁送新年祝福呢?

小结:我们幼儿园就有一棵寓意美好祝福的树——柿子树。

关键提问:谁愿意为我们来介绍一下柿子?

小结:就像你们说的,柿子是圆圆的、红红的、甜甜的。柿子柿子,事事如意。

2. 想一想画柿子的好办法

关键提问:这些柿子都一样吗?(大小、颜色、形状不同)

小结:柿子有大有小,颜色有深有浅,形状有圆圆的、扁扁的、两层的。

关键提问:有哪些用毛笔画柿子的好方法呢?

小结:不同造型的柿子可以有不一样的画法。

儿歌:小手转个圈,一笔画出圆柿子。左一半右一半,扁扁柿子急转弯。左一笔右一笔,胖胖柿子转大弯。上一笔下一笔,戴上帽子真可爱。

提示:毛笔提起来,柿子就变瘦了;毛笔"坐"下去,柿子就长胖了。

3. 赏一赏大师柿子图

引导语:不仅你们喜欢画柿子,中国许多有名的画家也创作了很多的柿子图。

关键提问:你最喜欢哪一幅柿子图? 说说你的理由。

小结:小朋友们发现了许多水墨画的奇妙之处,如不同深浅的墨汁可以代替颜色的变化,画面不用画得太满,画面要留白,也可以添加一些别的东西,这样我们的画就更有意思了。

4. 画一画"柿"事如意

幼儿创作,教师巡回指导。

关键提问:你的"柿"事如意图想送给谁? 想和他说句什么祝福的话。

小结:小朋友已经准备好了满满的祝福,老师也有一份祝福要送给你们,祝愿每一个小朋友都事事如意。

七、语言活动推荐(大班)

(一)活动名称

我爸爸。

(二)活动目标

1. 根据生活经验及照片中的信息,愿意清楚地向他人介绍自己的爸爸。

2. 学会观察、捕捉生活中爸爸的本领,并用赞美的口吻表述。

3. 感受浓浓的父爱,增进与爸爸间的感情。

重点:愿意清楚地向他人介绍自己的爸爸。

难点:能用赞美的口吻表述爸爸在生活中的本领。

(三) 活动准备

爸爸的照片和视频、PPT、手机。

(四) 活动过程

1. 出示爸爸照片,激发活动兴趣

关键提问:谁愿意把自己的爸爸简单介绍给大家? 你可以说说爸爸的名字、生肖和工作。

小结:听了你们的介绍,我发现你们对爸爸还是很了解的。

2. 介绍爸爸的本领

(1) 爸爸本领大

关键提问:猜猜这是谁的爸爸? 这位爸爸有一项很厉害的本领,你们猜猜会是什么? 你的爸爸有什么厉害的本领吗?

小结:你们的爸爸真厉害。

(2) 爸爸我爱你

关键提问:你们爱爸爸吗? 你们为什么爱他?

小结:你们都很爱自己的爸爸,就像老师爱自己的爸爸一样。

3. 向爸爸勇敢示爱

关键提问:听了爸爸说的话,你有什么感觉?

小结:爱就要勇敢地说出来,爱有许许多多的表达方式,一句祝福、一声问候、一个吻、一个拥抱等等,让我们表达出对爸爸的爱吧。

(四) 活动延伸

可在区角活动中提供录音笔,请幼儿将想和爸爸说的话录下来,做成音频,传到班级的微信公众号平台上,给爸爸们听。

第三章

幼儿生命教育之要——实践与要点

　　幼儿生命教育之要是生命教育的行动指南和操作要点，只有准确把握幼儿生命教育之要，才能真正提升幼儿的生存能力、生活质量、生命价值。幼儿的生命教育必须扎根于儿童生活世界，以儿童体验为基本活动形式，让教育看得见、摸得着、感受得到。此外，幼儿的生命教育必须扎根中华优秀传统文化，汲取养分，以增加生命教育的高度和厚度。通过长期的生命教育实践探索，我们发现，生命教育更重要的价值体现在那种润物无声的情感启蒙，对各种生命形态的尊重和热爱。

一、回归儿童生活世界

　　在构建幼儿生命教育之初，最主要的思考就是，幼儿期的生命教育是什么？其教育的目标、内容和课程设置是怎样的？幼儿阶段的生命教育与其他年龄段的生命教育有哪些不同？在大量的文献检索和实践反思后，我们明确了幼儿生命教育应该是一种基于儿童生活世界的生命教育，这是幼儿期生命教育最鲜明的特征，也是幼儿生命教育最主要的特征和实施要点。

（一）生命教育基于儿童生活世界的思考

　　基于儿童生活世界的生命教育理念受到很多教育学理论和理念的启示，如美国教育家杜威（J. Dewey）提出的"教育即生活"，我国教育家陶行知先生也指出"生活即教育"；荷兰教育家兰格维尔德（Langeveld）认为，教育的首要问题应该是关注儿童的"生活世界"；日本教育家小原国芳指出，全人教育的基础应是懂得儿童的生活和儿童的本性。可以说，教育与生活的关系是持续了近一个世纪的教育主题，教育回归生活成为包括我国在内的世界各国课程改革的基本理念之一。

　　那么，生命教育与生活世界又有着怎样的关系呢？厘清这对关系能深入了解基于儿童生活世界的生命教育的理论依据和科学价值。

　　1. 儿童生活世界是生命教育的初衷和价值归属

　　个体对生命意义的把握主要来自日常生活世界中与他者间的互动，生命教育的内涵就是对个体生命存在及与所处生活世界之间关系的一种启发引导。[1] 儿

---

[1]　阎光才. 走向日常生活的生命教育［J］. 教育科学研究，2005（5）：13 - 15.

童的生命教育更应该基于儿童的生活世界。研究者在这方面也形成了很多共识，一是从学生的生活世界出发设计课程内容；二是具体的课程内容安排应联系学生的生活实际。生命教育课程目标要满足儿童现实生活需要，课程内容要贴近儿童的生活经验。

2. 基于儿童生活世界是尊重生命成长规律的必然结果

基于儿童生活世界是对幼儿生命成长规律的尊重。皮亚杰（Piaget）的认知发展阶段论认为，学龄前儿童主要是通过动作和具体形象事物来认识客观世界的，是在与客观世界的环境互动中学习成长的。陶行知先生提出"生活即教育"：一是教育来源于生活，生活决定教育；二是与生活密切联系的教育、在生活中进行的教育，才能称得上真正的教育；三是教育可以促进生活，提高生活，教育的目的在于引导学生过更有意义的生活，从而使学生受更有意义的教育。可见，儿童的教育与其生活世界密不可分，这是对儿童生命成长规律的尊重。教育部颁布的《幼儿园教育指导纲要（试行）》提出，要以幼儿的生活为中心开展教育。幼儿生命教育的主体是幼儿，我们需要遵循幼儿的天性，以幼儿的需要为重心，遵循其身心发展特点，发挥幼儿的自主性。①

3. 对儿童生活世界的理解与诠释

儿童生活世界是指儿童生活其中并获得生活意义、生命发展的世界，是建立在日常交往基础上的、由主体与主体之间所结成的丰富生动的日常生活构成的世界，包括儿童的家庭生活、校园生活、社区生活和个人休闲生活等多个领域。我园提出的儿童生活世界是全方位的：从横向来看，基于儿童生活世界指全面覆盖了幼儿生活场所、各主体对象及交互过程；从纵向来看，基于儿童生活世界指尊重儿童生命成长的规律，立足儿童视角和发展需要的立场。

（二）基于儿童生活世界的生命教育实践

生命教育需要基于儿童生活世界，是生命教育中始终关注的要点。在课程实施框架设计之初，就应关注如何将生命教育融入幼儿生活的环境，从而让生命教育以浸润的方式融入幼儿生活的方方面面。

1. 生命课程实施框架关注对儿童生活世界的全面覆盖

幼儿生命教育课程的实施框架涉及幼儿园的管理者、教师、家长，还有和儿

---

① 郭晓轩. 我国幼儿园生命教育初探[J].现代教育科学（小学教师），2011（1）:64-66.

童生活世界相关的所有主体。正因为有这样一群"搞事情的人"，我园的每一个节日、每一个环境、每个活动都倾注了大家对生命的思考。

一群"搞事情的人"

"三八"妇女节前夕，班级又多了一个神秘的爸爸微信群。班主任老师给爸爸们布置了一项特殊且神秘的任务，这项任务需要和孩子们紧密合作，还得瞒住聪明的妈妈们。

尽管是布置给爸爸的任务，但是孩子们却表现出了强烈的热情和主人翁意识。明明说："我和爸爸趁妈妈洗澡的时候悄悄做了贺卡，妈妈一点也不知道。"小齐说："爸爸让我悄悄问妈妈，她最喜欢吃什么美食。我成功完成了这项任务。"雯雯说："我爸爸用手机拍了视频，录下我给妈妈的祝福。"这项秘密任务成了孩子们在自由活动时间讨论得最热烈的话题。

3月8日当天，我们终于揭晓了这项神秘任务的面纱：来园参加游园会的妈妈们被班主任老师领到了班级的神秘礼物区，当她们打开由孩子们和爸爸们准备的神秘礼物，接到爸爸们准时打来的爱心电话，看着孩子和爸爸一起为妈妈送上的表扬信时，很多妈妈当场泛起了泪花。贺卡、鲜花、首饰……各种礼物充满奇思妙想，但不管是什么，这份用心都让妈妈们感到既意外，又惊喜。许多妈妈感慨："白天是忙忙碌碌的打工人，晚上是做饭洗衣的'老母亲'，很久没有感受到这样充沛的爱意和满满的仪式感了。"

"神秘礼物"活动的背后是对爱与被爱的体验的重视。通过每一个节日，一方面让孩子们感受到来自家庭的浓浓的关爱；另一方面通过他们亲身参与表达爱与感恩的活动，了解亲人间的付出也需要被关注，爱与感恩需要去表达。爸爸们纷纷在群中留言："原来每一个节日都有美好的寓意。""其实爱孩子最好的方式是给孩子一个充满爱的家庭，孩子看到爸爸妈妈之间这种爱的互动也会特别开心。""爱需要经常去表达，生活需要仪式感……"

（教师　项洁云）

"搞事情"并不是某个人的专属，"搞事情的人"有时候是妈妈，有时候是幼儿园的门卫叔叔，有时候是园长妈妈，有时候是社区劳动者。"搞事情"折射出对多元的、立体的、浸润式的生命教育的理解。我们希望可以让每一天、每一个节日都有意义，可以通过"搞事情"创造更多的活动，实现多元主体共同成长。

下面的故事进一步呈现了生命教育程对儿童生活世界的关照。

当你老了——一场特殊的辩论赛

大班孩子们正在进行一场特殊的辩论赛。"等爸爸妈妈老了,你会送他们去养老院吗?"这是一个在成人社会都饱受争议且没有定论的话题,而且距离孩子们真正要去思考这个问题还有很长时间,但这里的孩子们却纷纷积极思考起来。这场辩论赛是由一次特殊的园外生命体验活动引发的。

大班的孩子们每年 12 月都会前往社区养老院看望老人,他们会用自己的小手给爷爷奶奶剥橘子吃,与爷爷奶奶们聊聊他们的生活,亲手画满包含美好祝福的新年祝愿,还会献上大家精心排练的节目让老人们开心。

对生命的思考和感悟并没有随着敬老活动结束而结束,反而因为一场自发而有趣的辩论赛变得更加深刻。"如果换成自己的爸爸妈妈,他们老了以后,我们要不要送他们去养老院?"针对这一话题,孩子们分成两队展开了有模有样的辩论。

小易说:"爸爸妈妈老了,如果他们还要自己在家里干活就太累了,但养老院里有人负责烧饭、洗碗、洗衣服,还有专门的医生和护工照顾他们。"

乐乐说:"我今天看到养老院的爷爷奶奶们聚在一起下棋、唱歌,非常开心。所以我想,我的爸爸妈妈老了也会愿意到养老院去,因为可以交到更多的好朋友。"

还有清清、凡凡等许多小朋友都支持等爸爸妈妈老了应该住进养老院,大家觉得养老院和幼儿园很像,会有像老师一样充满爱心的叔叔阿姨去照顾自己年老的爸爸妈妈,自己也会很放心。

这时颢颢大声说:"不行! 不行! 我不想把爸爸妈妈送养老院。因为这样,爸爸妈妈就看不到我,我也看不到他们了。爸爸妈妈老了,我和弟弟要天天陪着他们、照顾他们。"

"我不会把爸爸妈妈送到养老院去,因为我不舍得,我要每天看到爸爸妈妈。"雯雯补充道。

我把这场小小辩论赛拍了下来,稍作剪辑后发布在班级微信群里。爸爸妈妈们看后,群内一片沸腾,有的表示欣慰:"你家女儿真懂事!""女儿真是小棉袄!"也有的表示感慨:"哎呀,我老了要被儿子送去养老院。"但仔细品味这短短的小视频,孩子的话语虽然稚嫩,但无论是"送"还是"不送",不同的选择背后都是出自对爸爸妈妈同样的爱。支持"送"的孩子是因为想要给年迈的父母提供更安心、更舒心的生活环境,而支持"不送"的孩子更希望时时刻刻陪伴在父母身边,让他们晚年快乐幸福。

同时,家长们也围绕这个小视频在群里展开了一番热烈讨论。现代社会,养老是个沉重但又无法回避的话题,许多年轻的爸爸妈妈对于自己的父母年老后的去向没有仔细思考过,对自己的未来也没有规划,而孩子们对于这个话题的观点和见解促使他们反思自己对待父母的态度,以及自己赡养老人的举动是否给孩子带来正面积极的影响。

一个看到充满善意的世界的人,一定也对世界充满善意。这正是生命教育的初衷。"当你老了"辩论赛将生命教育的种子播撒进孩子们小小的心田,以孩子们的所见所闻激发他们所思所感,正视生命衰老的自然规律,多维度地理解爱与孝。

（教师　郑雪梅）

我们每一个人都不是孤立存在的,每一个家庭也都存在于大社会体系中。走访养老院是我园每年一次的社会体验活动中的重要内容。通过家庭、园所、社区合作共育,让爱深植幼儿心间。只有基于儿童生活世界这一要义,生命教育才是有意义的。

2. 生命教育课程内容回归儿童的生活需要

幼儿期的生命教育必须基于孩子的生活经验,回归儿童的生活需要,生命教育课程里才会有更多精彩故事。

（1）"多彩生命树"十单元主题课程故事

让学习活动源于幼儿的生活经验,是实施"多彩生命树"十单元主题课程过程中始终坚持的理念。

幼儿园门前的一条路

城市是孩子们每日生活最熟悉的地方,当我和孩子们谈到自己生活的城市时,孩子们第一反应常常是外滩、动物园、公园等。在一次大班游戏中,天天在认真地搭建汽车站,当孩子们得知这是公交 804 路汽车站后,立刻引来一波围观和热议。"804 路公交车我坐过,可以去医院的。""804 路公交车我也坐过,可以去康健公园。""804路公交车车站旁边有个银行,还有快餐店。""是的,车站旁还有一所小学,我每天都路过。"

我不禁想:孩子们认识和感受到的城市,也许并不是外滩、东方明珠,而是他们每天生活的地方呀。幼儿园门前的浦北路正是孩子们每天用小脚丈量、用眼睛观察、在购物和就餐中认识的城市,是他们真正生活其中的世界,而浦北路上有什么?在孩子们熟悉的这条路上,又有哪些秘密需要分享?他们的发现会一样吗?

接着,我和孩子们一起商量决定,让孩子们在上下学的路上和爸爸妈妈一起观察,并把所有发现的问题都记录在问题墙"浦北路知多少"上。我发现,有85%的孩子生活在浦北路附近,100%的孩子上学、放学都途经此路,浦北路是一条热闹的、充满生活气息的道路,孩子们非常喜欢它。

我想和孩子们一起从最熟悉的地方开始认识这座城市,于是有了集体教学活动"幼儿园门前的一条路"。

活动以"你喜欢浦北路吗?"这一问题拉开序幕,许多孩子表达了对浦北路的喜爱之情:浦北路上有美丽的樱花大道,有自己的幼儿园,有自己喜欢的小学,还有各种美食店、小小的街心花园。

但也有部分孩子不喜欢浦北路,理由是:浦北路太堵了,车子开得像乌龟爬,爸爸妈妈总是抱怨要迟到。

孩子们在集体活动中分享自己的发现,还归纳总结了浦北路的三大问题:早晚高峰路面拥堵,行人不遵守交通规则以及路面设施不完善。

针对这些问题,孩子们想出了许多好办法:一起画倡议书,将其张贴在幼儿园门口;发宣传单给行人,提醒他们遵守规则;写一封信交给交警叔叔;孩子们还将许多关于城市设计的奇思妙想画出来,希望能将其寄给城市规划师。

(教师 周龚尧)

生命教育课程由凸显生命核心要素的十单元主题构成,在设计单元主题中的每一个活动时,教师都深入思考如何回归儿童的生活世界。简单的一次集体教学活动让教师感受到,生命教育只有真正基于幼儿的生活世界才能让幼儿获益。于是,在集体教学活动的设计时,教师们需要更多地去思考幼儿的生活世界是怎样的?幼儿生活中的欢乐和烦恼是怎样的?可以有怎样的解决方案?

（2）浸润生命温暖的环境创设

从幼儿生命教育课程板块中不难发现，浸润式环境是生命教育课程重要的组成部分。每个班级都有一个大自然的小小缩影——自然角。通过对身边的动植物的照顾，让幼儿更加积极主动地去了解自然、探索自然、热爱自然。这也使自然角成为生命教育课程研究的主阵地之一。那么，自然角养什么？怎么养？又会发生些什么有趣的故事呢？

小乌龟的葬礼

在我们大三班自然角这片小天地，有几只小乌龟。孩子们想要饲养小动物，考虑到孩子们年龄小，饲养和照顾动物的经验缺乏，而乌龟生命力比较顽强，饲养相对容易，能够让小朋友获得成就感，和孩子们商量后，最终我们选择了饲养小乌龟。

尽管孩子们很细心地照顾这些小生命，意外还是发生了。那天一早，宇宙组的小乌龟"波波"死了，小组成员都懵了，有的伤心落泪，有的不相信"波波"已经死亡，有的害怕畏缩，有的开始互相埋怨……

对于幼儿园孩子来说，死亡是一个比较陌生而敏感的话题。在死亡面前，是伤心？是可惜？还是害怕？孩子很难用语言来确切地描述自己的感受，我们有责任帮他们疏导情绪，让他们从身边的动植物来初步认识生命的消逝。

我带着孩子们观察了"波波"和别的小乌龟的不同，告诉孩子们"波波"是真的离开了我们。对于"波波"的死亡，我们翻看了"波波"的饲养记录发现，原来"波波"生病好多天了，宇宙组的每一个小朋友都对它尽心照顾，由于"波波"的病情很严重，所以它最后还是离开了我们，当下用合适的方法安葬"波波"才是最需要做的事情。"在操场边的树林边寻找合适的地方。""用合适的工具挖土安葬小乌龟。"孩子们边商量边讨论。午餐后，宇宙组的组长小新带领组员将"波波"放置在盒子里，并将它埋葬在一处安静、不妨碍小朋友们玩耍的小树下，过程中满是为生命送行的庄重和仪式感。

这时，甜甜拿出了冰棍棒要插入泥土里，有小朋友表示不解。甜甜说："墓地都有墓碑的呀？"孩子们七嘴八舌说："有了墓碑，可以方便我们常常来看'波波'，不会找不到它了。""对的，还可以提醒路过的人绕道走，不要打扰'波波'……"离开之际，孩子们还恋恋不舍地边走边回头，向"波波"一遍遍地道别。

敏感的黄妹妹边走边抹眼泪,我赶紧上前安抚她:"'波波'虽然离开了,但我们对它的想念和爱不会因为死亡而消失。"

生命既坚强也脆弱,生离死别是自然规律。死亡并不意味着我们对生命的热爱、对生活的努力是没有意义的。继续爱我所爱,尽我所能,才能让生命与死亡都有价值和意义。宇宙组迎来了第二只"波波",孩子们在照顾它时也变得更加小心谨慎了。这不正是生命的延续吗?

(教师　郑蓓娜)

班级自然角不是一个静态的空间,而是一个可以观察生命诞生、生长、变化、死亡的动态过程的空间。在这一过程中,孩子们不仅可以亲身体验生命的全过程,还能在参与生命生长的过程中学会爱、付出、尊重、责任。只有真正尊重生命规律和基于儿童真实生活世界的环境创设,才具有现实意义。

从丰收节到"柿"事如意

大班幼儿对大自然有着天生的好奇心和探究精神,幼儿园中的一树一花、一草一木都牢牢地吸引着那一双双善于发现的眼睛。校园里有三棵高高的柿子树,丰收的季节会结出许多的柿子,成为了孩子们散步时讨论的热点话题。"原来柿子是长在树上的呀!""你吃过柿子吗?""你喜欢吃吗?""这么高的柿子,该怎么摘来下呢?""我们摘些柿子放到教室里吧。""小鸟会把树上的柿子都啄坏吗?"

在我们紫薇,每一处环境都蕴含着对生命的巧思,而每年的柿子丰收节则是利用大自然的馈赠帮助孩子们认识生命的最好契机。在柿子丰收节,孩子们终于可以把自己成堆的问题搞清楚啦,门卫叔叔拿着专门采摘柿子的套杆,在高高的柿子树上一套、一旋,柿子就稳稳地落到套杆网兜里。

孩子们发现,采摘下来的柿子上都有小鸟啄食的痕迹,婷婷说:"原来小鸟也发现柿子成熟了。"康康说:"啊呀,我们把柿子都摘了,小鸟就吃不到柿子了。"薇薇说:"我妈妈说大树的种子是要掉在泥土里,才能长出新的树苗,柿子树果子都被我们摘了,就不能长出新的树苗啦。"在柿子树下,我和孩子们展开了一场讨论,孩子们的想法令我感动,我发现,他们虽然早早期待着枝头的柿子成熟,但他们也观察到大自然中生命的意义。孩子们共同决定,树顶上的柿子不要摘,因为幼儿园的小鸟也应该一起分享柿子的丰收。

丰收节后,每个班的孩子都收获了一篮子柿子。"原来幼儿园的柿子和家里买的不一样。""柿子没熟时又青、又硬,熟了以后是软软的。""柿子的颜色真好看,像暖暖的太阳。"摆放在植物区的这一篮柿子为孩子们提供了更多讨论的话题。

(教师　宓蓓超)

利用幼儿园里柿子成熟而开展的紫薇丰收节,是孩子最喜欢的活动。在采摘、观察、品尝大自然的生命馈赠时,孩子们切身感受到大自然中生命的美好和温暖。

(3) 凸显自主的"多彩星期五"活动

如果你问孩子们最爱的活动是什么,也许答案多到令你咋舌;但如果问孩子们一周里最喜欢哪一天,孩子们一定会告诉你是多彩的星期五。在这一天,无论是游戏、运动、学习,还是午餐,都给予孩子更多自己做主的机会。

<h2 style="text-align:center">从自主选择到选择自主</h2>

"多彩星期五"这一天的每一个环节都是孩子们喜欢和期待的,其中最受欢迎的是小社团课程。

小社团开哪些课? 孩子又如何做主? 这一直是老师们思考的问题。

一、从选择什么活动到选择设置什么活动

新学期来临,"多彩星期五"活动又要开始啦,可是我们班的点点却有些犯愁:"我不想再参加创意活动社了。""点点,你可以换社团呀。"我赶紧安慰他。"可是小社团里没有我喜欢的内容。"点点继续犯愁。我心想:小社团有十几个活动内容呢,这可是我们费尽心思设计出来的,还是不能满足你吗? 于是我满怀希望地将十几个活动一一介绍给点点,可点点却犯愁地说:"老师你都没有听听我们喜欢什么呢。""我和豪豪都希望有个玩搭积木的社团,因为平时建构室游戏时间太短了。"旁边的豪豪立刻举双手赞成。 多彩星期五是把选择权还给孩子们的一天,而这种选择权不应是形式上的,而应是实际上的选择权。基于这样的思考,作为班主任的我把这个问题分享到教研中,大家一起讨论"多彩星期五"活动如何更能体现对孩子的尊重,最后大家决定,让孩子们选择设置什么样的活动。

二、从线上选课到社团日选课

新学期的"多彩星期五"活动开始了,霖霖一脸茫然不知所措。我走向霖霖,问道:"你这次选的是什么课程呀?""我不知道。"霖霖告诉我。"是不是网上选的课你忘记了?让老师帮你找找?"在统计单上,我找到了霖霖的选课记录,选择的是舞蹈社团。霖霖说:"我不想再跳舞了,我周三和周五都在上舞蹈课,我想去学武术。""可以呀,为什么你和妈妈没有商量呢?"我问她。"舞蹈社团是妈妈帮我选的,她要让我学跳舞的本领,因为我一直在跳舞,我和妈妈说了我的想法,可她不听我说的。"霖霖抱怨道。

我不禁在想,有一种冷叫妈妈觉得冷,有一种学习叫妈妈觉得很重要。霖霖妈妈的选择也许出于爱和关切,可是,"多彩星期五"活动是孩子们自己做主选择的活动呀。为此,在家长微信群,我开展了一次"相信孩子的选择"讨论活动,让家长了解生命教育中"多彩星期五"活动的意义和尊重孩子选择的重要性。

同时,我们也开始思考变革选课的形式,从线上选课变更到社团日选课。一块块大大的报名板、一块块社团体验区域,孩子们真正手握大权,自己的活动自己做主。

三、从选择参与活动到选择设计活动

今年刚上新的"啦啦操"社团是由几个孩子提议设计的,由于是新社团,很多孩子都对它不太了解。于是,率先报名的孩子们为我出谋划策:"老师,我们播放一些'啦啦操'的音乐吧。""老师,有啦啦球吗?我们可以用啦啦球来吸引小朋友们。"就这样,你一言我一语,热闹的"啦啦操"社团一下子人气旺了起来,不少孩子过来围观。几个小演员激动不已,跟着音乐挥着啦啦球跳了起来。在孩子们的努力下,我们最终招募到了26名啦啦操队员。

孩子们的自主性不仅仅体现在自己决定社团的内容,更体现在活动实施中。在"啦啦操"社团,在学习了基本动作后,孩子们开始自己尝试自由组合编排啦啦操,有的孩子负责找音乐,有的孩子负责编排动作,当他们配合到一起就是一支完美的啦啦操舞蹈。

(教师　项洁云　周龚尧)

凸显孩子的个性发展,尊重满足每一个孩子的发展需求,是我们多彩社团活动开设的初衷。随着社团活动开放度越来越高、自主性越来越强,孩子们的参与度与兴趣也与日俱增。孩子也在这种每周一次的自主选择中学会了尊重自己、尊重他人。

二、注重儿童的真实体验

生活世界是儿童的真实生活、真实关系,体验是他们与生活世界构建生命成长关系最主要的途径。我们的生活世界可触、可见,我们的活动可操作、可体验,在活动中积淀着生命的温度和厚度。

(一) 儿童与体验的关系

体验是亲身经历过程、亲身实践所获得的经验,是经由实践而获得的某种经验或者经历。在教学领域,幼儿体验既是一种活动,也是活动的结果。"体验式教育"旨在唤醒、促进幼儿的自主发展。它关注幼儿的生活世界和独特需要,促进幼儿有特色的发展;关注幼儿终身学习的愿望和能力的形成,促进幼儿的可持续发展。

(二) 幼儿生命教育与体验的关系

1. 体验是对幼儿生命成长规律的尊重

体验是儿童认知发展的基本需要。对于学前儿童来说,他们对世界的认识更多的是以体验与感受的方式进行的。体验是幼儿认识世界的重要方式,是幼儿获得知识和发展的重要途径;体验是认知内化的催化剂,它将主体的已有经验与新知衔接、贯通,并帮助主体实现认识的升华。因此,幼儿的学习是在特定的生活和学习情境中,通过多种感官参与来进行,幼儿的学习与亲身体验是分不开的。

2. 体验是幼儿生命教育的基本特征

体验是儿童生存能力的获得途径。儿童生命教育的内涵就是帮助孩子感悟生活、体验生命的一种教育。幼儿在生活化的活动场景中,通过自身的实践操作来认知周围事物,获得实践能力及生活经验。正因如此,在开展基于儿童生活世界的幼儿生命教育之初,我园就确立了"体验式教育"原则。

(三) 生命教育课程实施基于儿童的体验

1. 课程板块设置凸显儿童体验

生命教育课程在构建之初就重视儿童的体验,形成凸显课程特色的"社会生命体验"活动,包括园内体验活动及园外社会体验活动。我园结合节日、幼儿兴趣点、社会热点等,开展形式多样的生命体验活动,充分利用家庭、园所、社区资源,为幼儿创设专门的生命体验活动,让幼儿通过自身的体验,了解社会和大自然。

小步走出幼儿园,大步迈向社会

"你瞧,这是上海第一位市长!""快看,那就是海关大楼!"……徐汇区紫薇实验幼儿园大班孩子头戴小黄帽,身穿荧光色的马甲,肩背小黄包,来到外滩开展社会实践活动。走出幼儿园一小步,迈向社会一大步。

十年来,紫薇实验幼儿园为何坚持每月开展一次社会实践活动?幼儿园的孩子们又是怎样展开社会实践?让我们一起去看看。

大班的孩子来到外滩欣赏着浦江两岸美景:古老典雅的万国建筑群,历史悠久的外白渡桥,浦东陆家嘴造型各异的高楼……很多以前只是在书本、网络看到的建筑,现在就在自己眼前,孩子们的兴奋溢于言表。参观完外滩建筑群,孩子们拿出写生板,用自己的方式将自己的所见所闻记录下来。大班孩子们的外滩之行,除了参观外滩建筑群和浦江两岸风景,感受上海变迁发展外,还有另外两项小任务——用自己的方式记录外滩风采;当一名"小记者"采访游客。

"你好,你是第几次来上海?""你最喜欢上海的理由是什么?""浦江两岸,你更喜欢哪边?"……来到浦东后,宁宁和小伙伴分小组采访游客。宁宁精心准备的问题派上了用场。面对陌生人,孩子们不害羞、不胆怯,主动上前问好,自我介绍,征得游客同意后进行简短的采访。看到"小记者"的认真劲儿,游客们驻足耐心回答孩子的提问。即使有游客不能接受采访,孩子们也不气馁:"没关系,我们去找其他游客吧。"遇到外国友人,孩子们也能自信大胆地打招呼,一些外国游客还主动合影,记下有意义的瞬间。"这是我第一次当'小记者',提问时有点害怕,声音很轻,游客热情地回答了,后来我就自信多了。"宁宁小朋友这样说道。

为了这一天的社会实践,老师和小朋友一起做了充分准备。大班小朋友厚厚提前一周就开始整理书包:画笔和写生板要带上,记下美丽的外滩;水杯要带好,补充能量很重要……当天,中班孩子也走出校园,来到徐家汇公园。中班的瑜瑜在社会实践单上,以绘画的形式列出了自己的目标——要去徐家汇公园寻找各种有意思的植物;铭铭则在计划单上画了一座桥,他认真地说:"妈妈告诉我,徐家汇公园有一座玻璃天桥,我要去走一走。"

紫薇幼儿园每月都会开展各年段走出幼儿园的生命体验活动,社会实践的所有准备工作都是孩子们在老师引导下独立完成的。孩子提前以小组形式商量讨论实践活动需要携带的物品,提前了解外滩建筑的特点。有了前期的充分准备,孩子们对外滩、上海的了解就更丰富了。

面对孩子的成长,家长最有感触。大班宁宁妈妈说:"到了大班,孩子已经基本可以独立完成社会实践活动前的准备工作了,进步很大。通过社会实践,孩子们了解到银行、派出所、消防局、邮局等社会机构是怎样运转的,这让他们不仅对未来的学习生活环境有了初步的认识,还学会了购物等社会生活技能,也学到了提前做计划、时间管理等个人管理基本知识。"

(上观新闻记者 许沁)

我园根据生命教育的主题,组织各个年龄段幼儿开展社会体验活动。比如,十月的主题是"热爱与自豪",于是组织大班幼儿去外滩,让他们感受上海的变迁发展,萌发对家乡的热爱之情;组织中班孩子去徐家汇公园,让他们热爱自己生活、生长的徐汇区;组织小班孩子去桂林公园,让他们从小热爱自己居住的社区;还组织托班幼儿去参观浦北园(我园的另一个分部),让他们喜欢自己的幼儿园……

除了寒暑假外,幼儿园每月通过形式多样的园外生命体验活动,让幼儿在玩中学,在体验中学,在实践中学。幼儿园附近的中小学、周边大型绿地、书城、消防队、邮局等,都成了幼儿的实践基地。每次活动前,幼儿都要独立完成各种准备;活动过程中,幼儿要完成计划单上的任务;活动结束后,幼儿会在教师引导下展开讨论,交流收获。生命教育重在体验,不仅让幼儿在园内经历各种体验,更注重带他们走进社会,开阔眼界。

幼儿的学习不局限在教室,在社会大课堂,幼儿能学到更多。

一场来自孩子的教学设计变革

一、第一轮试教

牙齿不仅是消化系统的重要器官,还对发音和面容起一定的作用,幼儿换牙后长出的恒牙要使用一生,所以对人的一生来说,牙齿是非常重要的。

近期,班级里有不少幼儿去看牙、补牙,蛀牙的情况不容忽视。刷牙活动已经在班级里开展了一段时间,但是我发现,有的幼儿并没有真正掌握刷牙的方法。针对此问题,我们设计了"护牙小卫士"教学活动,以期帮助幼儿养成正确刷牙的习惯。

教学现场:

教师:"小朋友们,你们的牙齿有什么问题吗?"(幼儿讨论)

教师:"你们知道有哪些办法可以保护自己的牙齿吗?"(幼儿讨论)

教师:"老师和你们一起分享一些保护牙齿的方法吧。"(观看视频)

教研现场:

陈老师:"大班孩子对龋齿和换牙的话题还是非常喜欢的,但谈话活动个别差异很大。"

柯老师:"我感受到最大的问题是用了太多时间讲知识、说道理,孩子们并不理解,也没有产生共鸣。"

纪老师:"在开展这类活动时,面对孩子的各种问题,如何才能给予孩子更专业的解答呢?"

教研组长:"是呀,大家在活动中发现了诸多问题,那就让我们进行一次思维碰撞,给这个活动来个大变身吧……"

张老师:"是不是可以来个街头大采访,用视频的形式记录下孩子自己和身边人的牙齿问题。"

李老师:"对的,还可以用医用摄像头现场拍摄,给孩子们看自己的牙齿问题;可以邀请一位医生家长来进行课程支持,这样孩子们的问题可以得到更专业的回答;还可以是刷牙方法大直播……"

二、第二轮试教

(一)活动目标

1. 在操作游戏中,观察发现牙齿的问题,了解多种保护牙齿的方法。

2. 在与同伴、教师、保健老师的互动中,体验保护牙齿的重要性。

(二)活动准备

视频录像,微型摄像头,投屏电子白板,食物(零食、水果、蔬菜、饮料、矿泉水等),牙刷,牙齿模型,投票器。

(三)活动过程

1. 牙齿情况大调查

关键提问：在调查中，你发现了什么？牙齿怎么了？

2. 牙医现场查看牙齿问题

牙医为幼儿检查牙齿，并用微型摄像头将幼儿牙齿的问题现场投屏在电子白板上。

小结：我们要定期去医院做专门的牙齿检查，才能发现蛀牙。

3. 了解蛀牙的原因

吃过量的甜食会造成蛀牙，不刷牙以及刷牙不仔细也会造成蛀牙。刷牙是最重要的保护牙齿的方法。

4. 了解对牙齿有益的食物

牙医出示饮料、矿泉水、水果、蔬菜、零食、牛奶等食物，让幼儿投票哪些食物能够起到保护牙齿的作用。

小结：我们来看看小朋友们的投票结果。请医生来帮助解答。

5. 刷牙好办法

关键提问：你们每天刷牙吗？每天刷几次？是怎么刷牙的？

幼儿自由操作、刷牙。

牙医点评孩子的刷牙方法，并给予指导。

小结：原来刷牙是有方法的，坚持用正确的方法刷牙，才能保护好牙齿。

（教师　柯玲）

2. 环境的变革

作为学校课程的重要组成部分，园所环境创设能让环境蕴含生命，让环境成为幼儿自主体验、自由探索的学习空间。

为引导幼儿在亲近自然的过程中感受自然的奥秘，进而认识生命，教师基于生命教育课程目标设计了专用环境，包括"薇爱气象台""薇爱喂鸟站""薇爱鱼池""薇爱小农田""薇爱百草园"等。

幼儿园还创设了"优秀传统文化二十四节气小景点""爱莲妈妈信箱""爱莲妈妈聊天吧""我与大师对话""紫薇音乐厅"等人文体验环境，鼓励幼儿与环境互动，通过大胆地表达与表现分享对生命的热爱与感悟，进而懂得热爱生命、尊重生命。

从薇爱喂鸟站到暖暖的鸟窝

幼儿园的小树林里住着许多可爱的小鸟,幼儿园为这些小鸟打造了宽敞的住所,还为幼儿提供了喂鸟、换水的专门材料。除了薇爱喂鸟站外,幼儿园里还有随处可见的林中喂鸟站和挂满爱心的树牌。这些为生命教育打造的"爱"的空间,是由孩子们和老师们一起慢慢创建的。每个班级的孩子每天都会接手一项爱的任务,或者为自己的爱心林浇浇水,或者认真照顾好林中的小鸟,或者完成薇爱喂鸟站的任务。

我们班级的孩子们在刚接触喂鸟站时,喜悦的心情溢于言表,孩子们围坐在一起看小鸟在笼子里上蹿下跳地觅食、饮水、嬉戏。急性子的霖霖迫不及待地想和它们亲密接触,忍不住下手去摸一摸它们。更多的孩子们喜欢大声呼唤小鸟,希望它们能飞过来一起玩。可是小鸟们却吓坏了,在鸟笼里到处逃窜。细心的婷婷发现小鸟扑棱着翅膀撞到了笼子上,看到小鸟痛苦的样子,婷婷急着制止同伴。"我们爱小鸟,可是怎样才能表达我们的喜爱呢?你们如果是小鸟,喜欢怎样的照顾呢?"我问道。孩子们立刻感同身受,悄悄地讨论开了。动物和玩具不一样,它们是有生命的,不能随意地拿捏和逗弄,更不能喜欢的时候抱抱,不喜欢的时候就忽视它,需要我们精心的呵护。

随着孩子们喂鸟的时间越来越多,他们在每天的照顾与观察中慢慢感受着小鸟的成长变化,对这些小鸟们有了一份责任和牵挂。来园时,他们带来小鸟喜欢吃的鸟食;当看到小鸟的笼里有粪便时,会主动地拿起扫帚清扫干净;给小鸟换水时,细心的孩子还会用小手试一下水温。孩子们在照顾小鸟的过程中学会了清理鸟笼、定时喂食、轻拿轻放,观察小鸟时不去打扰它们。小鸟成了孩子们最好的小伙伴,孩子们围绕"小鸟需要什么样的爱"这一话题又开展了新一轮的讨论。涛涛提出了一个尖锐的问题:"小鸟真的喜欢住在鸟笼里吗?"我欣喜地看到了孩子们在自己的观察、照顾、体验中,对热爱生命和尊重生命有了全新的认识。

讨论最后的结果是薇爱喂鸟站的小鸟们还是住在幼儿园为它们搭建的宽敞的鸟笼里,但孩子们却亲手搭建了许多野鸟喂养站,让住在幼儿园树林里的其他小鸟也能有充足的食物和干净的水源。那年冬天,孩子们看到幼儿园喂鸟站添上了棉布帘,于是孩子们自己提出来要为幼儿园的野鸟喂鸟站也添加一些暖暖的材料帮助小鸟过冬。例如,孩子们用家里带来的棉絮、羽毛、绒球、稻草,把野外喂鸟站的鸟窝包得严严实实,还给喂鸟器增加了坚果。虽然孩子们没有亲眼看到野鸟在这些暖暖的鸟窝里住下来,但在这个过程中,孩子们学会了尊重生命。

我把孩子们的暖心举动发给了爸爸妈妈们,很多爸爸妈妈看到之后,都非常感动。其实孩子对生命的理解,对生命的爱和尊重何尝不是我们成年人也需要修行的课程呢?

(教师　项洁云)

在班级环境中,围绕生命教育核心目标"认识生命,保护生命,热爱生命,尊重生命"以及幼儿的特点、需求和水平,教师们创设了生活体验区、小小种植区、个别化学习区、自主性游戏区等。每一处环境的设计都蕴含着生命教育的理念。

会说话的海底世界

"这是什么鱼? 它好大呀? 我见过它生活在大海里。""我想知道它是什么鱼?"在开放式大厅中,孩子们常常三三两两聚集在长达六米的大鱼缸前,边看、边讨论、边触摸。而神奇的一幕是,鱼缸中的各种生物都会开口说话:"我是金枪鱼,我游泳的速度和汽车一样快。""我是抹香鲸。""我是海绵……"原来那是一个触摸式电子鱼缸。

让生命教育可视、可听、可触,一直是我园生命教育的致力追求。采用多触控技术实现的互动海洋世界,让孩子能随时随地能与海洋世界中的动物互动。

目前,鱼缸中的80余种海底生物都是由老师站在孩子角度选择的物种,并且由教师为每一种生物撰写自我介绍。同时,根据这个智能鱼缸会采集孩子们点击率最多的几种生物,从而实现针对孩子近期的兴趣点变化该生物在海底世界的数量。还可以根据孩子们生成的新的兴趣点,增加或减少海底世界的生物种类。

(教师　项洁云)

让环境说话,让环境可视、可触、可玩,正体现了体验式生命教育的特点。

三、根植中华优秀传统文化

随着生命教育课程的推进,教师们开始思考生命教育的文化之根到底是什么? 到 2014 年,全园逐渐形成共识:生命教育必须扎根中华优秀传统文化,唯此,生命教育之树才能根深叶茂。

(一) 中华优秀传统文化对生命教育的意义

1. 幼儿期开展中华优秀传统文化教育具有特殊意义

"人生百年,立于幼学。"幼儿期在生命发展历程中具有奠基的作用,幼儿教育在学校教育序列中具有基础性,在传承传统文化的使命中肩负重要使命。幼儿园开展中华优秀传统文化教育,对构建中华优秀传统文化传承体系、对弘扬中华优秀传统文化精神、对培养下一代的良好思想品德和健全人格、对落实立德树人根本任务具有重要作用。

2. 幼儿生命教育与中华优秀传统文化的关系

中华优秀传统文化对于民族的延续、国家的发展有着特别重要的意义和价值,将中华优秀传统文化作为学校教育和社会教育的重要内容,具有一般知识教育和技能教育所不具备的育人功能,有着不可替代的作用。生命教育的内涵与特质与我国优秀传统文化有着许多共通之处,中华优秀传统文化中蕴含着许多对生命真谛的认知。因此,生命教育必须扎根中华优秀传统文化。

(二) 生命教育与中华优秀传统文化的融合

1. 课程板块凸显中华优秀传统文化

我园构建了深度融合于课程中的中华优秀传统文化教育活动框架,通过与幼儿基础课程的内容匹配,与生命教育特色课程的内涵聚合,与生命教育环境的同步创生,与家庭、园所、社区课程实施途径的全面融入,让生命教育真正扎根中华传统文化土壤,凸显优秀传统文化的育人价值。

（1）在基础课程中凸显中华优秀传统文化教育内容

针对基础课程五大领域,即健康、科学、语言、社会、艺术,我园通过反复、多轮的梳理,将蕴含中华优秀传统文化的主题和素材作为教育教学重点渗透在五大领域中,策划了系列中华优秀传统文化教育活动,如"传统故事、经典古诗""传统节日、基本礼节""传统音乐、民间艺术""传统体育、民间游艺",让基础课程中的中华优秀传统文化教育真正落到实处。

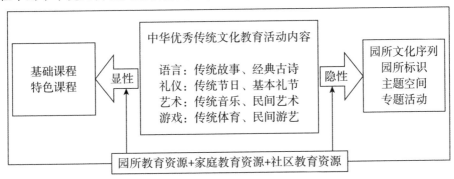

图3-1 中华优秀传统文化教育活动内容

(2)在生命教育特色课程中凸显中华传统文化教育内涵

在生命教育特色课程中,我园强调将中华优秀传统文化教育的内涵与生命教育的价值进行聚合。

例如,区域性体育活动设计有"舞龙""滚铁环""跳房子"等游戏;兴趣社团活动设有"儿童武术""中华围棋""民间舞蹈"等活动,活动深受孩子和家长的喜爱;"风情自助餐"结合元宵节、中秋节等中华传统节日,设置"满汉全席""中华传统小吃日"活动;"星期音乐会""宝宝知心书吧"倡导家庭共同参与中华优秀传统文化的学习和展示,让幼儿在传统文化活动中体验到乐趣。

2.在传统节日中融合中华优秀传统文化专题教育

在开展中华优秀传统文化教育时,结合中华传统节日,开展家庭、园所、社区一体化的中华优秀传统文化专题教育。

浇灌传统文化的养分,成长才会有厚度

传统文化是我们的根。我曾经长期在国外访学,看到很多华裔孩子在大学开始选修中文课程。他们此时学中文已经很难,但他们还是想要啃下这块"硬骨头",因为他们很想知道他们是谁,他们的根在哪里。对此我很有感触。我也特别感恩紫薇实验幼儿园能有这样的教学理念,重视中国传统文化教育,并且将这种理念带给每个家长。

紫薇实验幼儿园制作了一本"中华传统文化精粹"的小台历,并作为礼物赠送给每个家长,正是这本小台历给了我许多启发和感受。

"妈妈,我要和爷爷奶奶、外公外婆通电话。明天就是重阳节,我要给他们送上祝福。"有一天,晨晨郑重地向我宣布。询问后才知道,老师们已经在幼儿园为小朋友们介绍了这个传统节日。于是那一天,我们翻开台历一起了解重阳节,一起拿起电话,郑重地给爷爷奶奶、外公外婆去了一通电话,爷爷奶奶、外公外婆接到我们的电话时高兴极了。我深深感动于这份差点遗失的美好。尊重我们的传统节日,诚挚地表达自己的情意,会让生活多一份仪式感。

这一代的孩子,如果在他们幼儿期间就慢慢浇灌传统文化的养分,那么他们的成长会很有厚度。

(家长　晨晨妈妈)

3. 在环境创设中融入中华优秀传统文化教育

通过园所标识的设计、主题空间的打造和专题活动的开展,旨在营造中华优秀传统文化教育的环境氛围、空间氛围和心理氛围,起到潜移默化、润物无声、熏陶浸染的教育功能。

(1)园所标识凸显优秀传统文化基因

在开展中华优秀传统文化教育过程中,教师特别设计了"紫紫"和"薇薇"两个中国娃娃,让传统文化的开展有载体,发生在"紫紫""薇薇"身上的有趣的传统文化故事,让孩子们对中华优秀传统文化有了更形象的认识。

(2)主题环境创设中浸润优秀传统文化韵味

校园是育人的空间,环境是无声的课堂。从园所环境、单元主题环境到班级环境,都蕴含着优秀传统文化,孩子在与环境的互动中充分感知和学习中华优秀传统文化。

(3)在专题活动中体验优秀传统文化

为了落实优秀传统文化教育,教师们在三个分园都创建了优秀传统文化体验室,从环境到材料无不凸显传统文化教育。在体验室中,我们创设了"侧耳聆听""对话大师""四大发明"等多个活动,让孩子看得见、摸得着、能互动,在体验中激发对优秀传统文化的学习兴趣。

4. 中华优秀传统文化教育全面融入家庭、园所、社区的生命教育

中华优秀传统文化是生命教育之根,除了将优秀传统文化内容有机渗透在

"十单元主题活动"和"多彩星期五"活动中之外,还利用家庭、社会资源,开展优秀传统文化教育,旨在培养具有良好行为习惯的儿童。幼儿园和家庭合作打造"薇府食坊"品牌,让优秀传统文化教育成为家庭、园所、社区生命教育的共同内容。

表3-1　优秀传统文化相关主题的社会实践活动

月份	小班	中班	大班
10月	我的小区 ——参观小区	我的社区 ——参观徐家汇公园	我的城市 ——外滩采访
11月	重阳节 ——看望社区爷爷奶奶	重阳节 ——拜访养老院	你最想感谢的人 ——采访大学生
1—2月	大拜年 ——新年做客礼仪	新年赏梅 ——参观莘庄公园	热闹的中国年 ——参观民间博物馆
4月	参观上海儿童博物馆	清明踏青 ——参观上海植物园	清明祭扫 ——参观烈士陵园
6月	感恩季 ——参加升班典礼	感恩季 ——参加升班典礼	感恩季 ——参加毕业典礼

薇府食坊——给孩子最好的礼物

每一个节气的到来,对幼儿园来说,都是一件大事,爸爸妈妈们期待着"薇府食坊"的新一季开播,爷爷奶奶则跃跃欲试准备照着菜谱大展身手。

"薇府食坊"是生命教育课程中一个特殊的存在,尝试将优秀传统文化融入幼儿饮食当中,让幼儿在传统文化与饮食方式中了解中华优秀传统文化。对于新时代的中国家长来说,他们更在乎怎样吃最健康,怎样吃最合理,怎样吃最方便。于是,以"二十四节气吃什么好"为主题,给幼儿饮食健康提供新思路和新方法的短视频"薇府食坊"应运而生。

"薇府食坊"以园所官方微信订阅号为载体,通过生动、有趣、高品质的短视频以及动图,呈现出高互动性、沉浸式体验的生命教育内容。我们以多年食育研究经验为基础,将优秀传统文化与现代生活方式相融合。基于保健老师、营养员、教师、家长的经验以及育儿专家的建议,我们制订出适合幼儿的食谱。

　　"薇府食坊"最大的亮点是：小朋友们亲身参与菜肴的制作和拍摄。天真烂漫的孩子所展现出对食材和美味最大的好奇和最真的情感。当稚嫩的小手去触碰滑滑的生鱼肉、黏黏的蛋液、湿答答的虾球，用鼻子凑近去闻一闻料酒、生姜、萝卜、蔬菜等特有的气味时，孩子们的愉悦感油然而生，笑容自然浮现。孩子们一同参与制作美味，将自己的双手做出来的食物分享给爸爸妈妈品尝，真实地展现出属于他们的健康、自信、友爱、达雅。同时，老师们也参与了视频的拍摄，在拍摄短视频的过程中，再次解读幼儿的生命教育理念。

　　"薇府食坊"还是家园互动的桥梁。自"薇府食坊"开播以来，许多家长都成了忠实粉丝，他们期待每一个新节气的到来，尝试新推出的幼儿食谱，在周末陪伴孩子一起动手制作美食。他们留言感叹说："做菜难不难？世上许多事，只要肯动手就不难。"还有不少父母通过图文、视频的方式记录下与孩子一同烹饪的美好时光。我们的"薇府食坊"让亲子关系更和谐，家园互动更有效，实现了1+1＞2的效果。

（"薇府食坊"项目组）

第四章

幼儿生命教育之径——治理与保障

"径"，即道路的意思，喻指达到目的的途径、方法。围绕幼儿生命教育的内涵、特征、使命和发展趋势，我园构建了生命教育的理念系统、目标系统、内容系统。为了落实生命教育的理念、目标、内容，需要细化探索生命教育之径，我们将大生命教育观转化成具体的全园育人行动之径，将生命教育课程转化成每一个幼儿的生命学习行为之径，建立园部结合的纵横交错式管理架构，形成以课题领航攻坚的科研支持系统，推进整体规划、分类发展的教师队伍建设，注重涵养生命的环境文化创建等。

一、课题引领的教科研支持系统

在二十余年的生命教育研究与实践中，我园始终将教育科研作为办园方向和课程发展的导航仪和监测仪，推进幼儿园快速有效发展。

（一）不断迭代的生命教育课题研究

一项课题的确立必然来自教育实践中最突出的问题，必然源自对国内外相关问题海量的文献研究，必然有其时代价值和创新意义。经过科学验证的课题研究，才能保证研究方向的前瞻性和领先性，同时也能确保研究内容的时代意义和实践价值。在生命教育实践中，我园始终将课题研究作为幼儿园发展的方向性指标纳入顶层设计之中，引领幼儿园的全面发展和课程构建。

在课题研究中，我们更关注对实践中的真实问题的解决，用数据统计的科学方法来证明研究的可行性，从而保障幼儿园发展方向的准确。基于课题的大量实践，必然会衍生出新的实践问题，需要新的课题去解决。因此，生命教育课题研究需要不断迭代，以解决实践中的新问题。

1. 第一阶段：以科研推动生命教育起始课程创建（1997—2007 年）

（1）课题引领

1998 年，我园课题"0—3 岁婴幼儿家庭教育指导的研究"立项为徐汇区级重点课题，全面开启婴幼儿生命成长规律和家庭教育指导特色的研究。

（2）实践项目

① 创办 0—3 岁婴幼儿父母育儿学校

1996 年,我园开拓性地创办了 0—3 岁婴幼儿父母育儿学校,率先探索 0—3 岁婴幼儿早期潜能开发、幼儿园早期家庭教育指导。

② 创办 2—3 岁全日制托班

1997 年,为了能使父母育儿学校与幼儿园之间进行有效的过渡与衔接,我园创办了 2—3 岁全日制托班,对托幼一体化的实施进行了初步探索。

③ 创建 0—3 个月婴儿"送教上门"的家庭教育指导模式

2000 年,我园在 0—3 岁婴幼儿家庭教育指导研究的基础上,将家庭教育指导的对象拓展至社区中 0—3 个月婴儿的父母。

(3) 研究成效

出版了婴幼儿教养材料《起始之路》,形成科研成果报告《0—3 岁婴幼儿家庭教育指导》《0—3 岁亲子学院的管理与研究》《0—3 个月小婴儿早期家庭教养指导》,获得十余项市级、区级奖项。

2. 第二阶段:以科研助推生命教育起始课程完善深化(2008—2011 年)

(1) 课题引领

2009 年,区级重点课题"3 岁前婴幼儿集体教养的研究"立项,形成了 2—3 岁婴幼儿机构内教养的整体课程模式,开启 3 岁前婴幼儿教养与 3—6 岁幼儿教育衔接的全面研究,形成了 2—3 岁幼儿教养课程模式。

(2) 实践项目

① 创办 19—24 个月宝宝班

2007 年,首创 19—24 个月孩子的全日制班,首次进行机构内集体教养 19—24 个月孩子的实验和研究。

② 首创 16—18 个月孩子的半日制囡囡班

(3) 研究成效

《怎样认识和处理婴幼儿与同伴之间的冲突》《2 岁前婴幼儿入园适应性的研究报告》等研究成果获得奖项;生命教育课程体系中起始生命教育课程基本形成,并日趋成熟。

3. 第三阶段:以科研推动多彩生命课程的构建(2011—2017 年)

(1) 课题引领

2010 年,"在园幼儿意外伤害成因与幼儿园干预体系的研究"课题成为上海市规划课题。2013 年,"基于儿童生活世界的幼儿生命教育课程构建的研究"成

为上海市教育科研立项课题。两个课题的立项和研究推进了生命教育内涵的发展。

（2）实践项目

① 幼儿安全防范体系的研究标志大教育观的形成

依托"在园幼儿意外伤害成因与幼儿园干预体系的研究"课题，在构建幼儿意外伤害防范体系的过程中，进一步完善了全时程、全对象、全方面的大教育观。

② 不断拓展生命教育的内涵

依托"基于儿童生活世界的幼儿生命教育课程构建的研究"课题，我园不断拓展生命教育的内涵，并确定了生命教育的实施原则、评价体系。

（3）研究成效

"家园合作基础条件的调查报告"获 2019 年上海市中小学幼儿园运用调查研究方法优秀成果评选一等奖；"幼儿生命教育的整体性探索和实践创新"获 2018 年基础教育国家级教学成果奖二等奖；"幼儿生命教育的整体性探索和实践创新"获 2017 年上海市基础教育教学成果奖特等奖；"基于生活世界的幼儿生命教育课程构建与实践"获上海市第六届学校教育科研成果奖一等奖。

2017 年，在研究成果的基础上，正式出版了《基于儿童生活世界的多彩生命教育——紫薇实验幼儿园园本化课程实践》《基于儿童生活世界的多彩生命教育——紫薇实验幼儿园园本化课程研究》《"薇"爱有你——紫薇实验幼儿园生命教育案例集》；2015 年出版《生命起航·安全成长——亲子共读幼儿安全教育绘本》；2014 年出版了《生命起航·安全篇——紫薇实验幼儿园构建幼儿安全教育立体网络研究成果集》。

可以说，我园持续 20 年的生命教育探索始终由科研引领。幼儿园的高起点发展、关键时刻的转型、现代化的办学理念、园本课程的建设等离不开每个时期研究课题的引领和助力。

（二）创新"三研一体"的大教研形式

基于多年的教育科研经验，我园创立了聚焦幼儿生命教育的教研、科研、导研"三研一体"的大教研形式。教研、科研、导研，三者各有侧重，又互相促进，共同指向以生命教育素养为核心的教师专业成长。

图 4-1 "三研一体"大教研模式

1. 科研

我园生命教育探索的每一个阶段无不得益于重大科研项目的研究成果。

2. 教研

聚焦教育教学实践,通过专题教研活动,建立起常态化的"四定"教研机制:定规、定题、定人、定量,共享教学活动设计与反思,解决实践问题。

3. 导研

导研突出教研组教师和家长的深度合作,发挥家长专业和职业领域的优势,与家长一起开展生命教育研究。为推进导研活动有效、持续开展,我园构建了"家园合作教育教师专业指引框架",作为教师导研的指南。

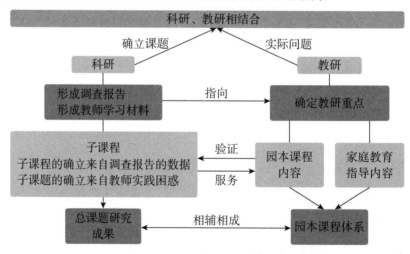

图 4-2 科研、教研相结合流程

"三研一体"大教研模式始终以幼儿生命教育为主题,实现了教育教学、教学研修、教师培训和教师成长的有机融合,通过问题—课题—教研—实践—新问题的循环推进,促进了生命教育特色的形成。

（三）教科研成果提升生命教育质量

我园的教育科研是与幼儿园特色发展和教师专业发展深度融合的,全体教职员工均参与课题研究的全过程,形成班班有课题、人人有研究、个个出成果的氛围。在教科研共同体中,园长亲自带头,教职工全员投入,园外专家深度参与,家长积极行动,充分发挥教科研在队伍培养中的作用。在生命教育研究的各个阶段,总结研究成果,提升生命教育质量。

早餐吃什么

2012年3月,国家卫生部发布《托儿所幼儿园卫生保健工作规范》,对幼儿膳食管理提出明确要求:每日早餐、午餐、晚餐热量分配比例分别为30%、40%和30%;三大营养素热量占总热量的百分比是:蛋白质占12%—15%,脂肪占30%—35%,碳水化合物占50%—60%。

但在一线管理实践过程中,幼儿膳食仍存在搭配不合理,幼儿进食不能定时定点,注意力不集中,边吃边玩等现象。良好习惯的养成应该从家庭教育开始。因此,我园依托区级规划课题"3—6岁幼儿早餐行为与家庭影响因素的研究",开展了针对幼儿早餐的家长参与式讲座。因为膳食营养关系到每个孩子的健康成长,所以家长报名非常积极踊跃。讲座当晚,园所一楼大厅座无虚席,家长们一边听讲一边拍照、记笔记,问答环节也互动频繁。

讲座从幼儿早餐入手,展示了关于早餐准备、环境创设、餐中情况、早餐食材、影响因素的调查结果,并针对目前家长在幼儿早餐认知和制作方面存在的普遍误区,提出有针对性的建议。同时,幼儿园也给出了一周早餐食谱推荐,并图文并茂地为家长手把手示范营养均衡的快手早餐的制作方法。讲座结束后,还准备了平时为孩子们准备的小点心给家长品尝,带领家长感受"舌尖上的紫薇"。活动后,不少年轻父母反馈,他们通过讲座意识到家庭早餐的薄弱环节,并且意识到父母的行为及观念对幼儿早餐行为的巨大影响,今后将更注意自己的一言一行,在潜移默化中帮助孩子养成良好的饮食习惯。

我园的健康管理始终以课题为引领,致力于研究健康管理的真数据、真问题,形成研究成果,以丰富生命教育课程。由保健老师领衔的"幼儿感冒的家庭处理现状及用药特点的调查报告""幼儿感冒病患及家庭处理现状""空气污染与幼儿园应对措施的研究"等课题成果都已转换为生命教育课程中的具体内容。

（教师　毕蔚蔚）

二、园部结合的管理保障机制

整体推进幼儿生命教育，不仅要以课题研究为引领，还要以健全的管理体系为保障。幼儿园管理的特殊性在于它不仅是管理活动，更是教育活动，是管理过程和教育过程的统一。基于这样的认识，我园创建了"五部三园"一体化管理机制，让幼儿园生命教育有了持续推进的助推器；建立了"一体两翼"发展规划，确保生命教育实践的前瞻性、持续性。

（一）"五部三园"一体化管理机制

为了更好地整体推进幼儿生命教育，我园构建了管理网络条块明确、分工有责、协作有序，团结协作、务实高效的管理体系。2017 年，幼儿园再次调整布局，形成相对独立的家园部和科研部。针对多园所、多部门的办学实际，建立了被实践证明行之有效的"五部三园"管理机制。

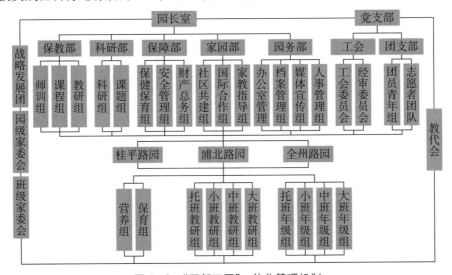

图 4-3　"五部三园"一体化管理机制

"五部三园"一体化管理机制有效推进了生命教育的发展,同时最大程度地激发了所有教职员工实施生命教育的主体意识。

(二)"一体两翼"发展规划

1."一体两翼"的内涵与实践案例

发展规划是现代学校治理的重要制度性工具,也是学校法治建设的重要体现。为生命教育提供实践蓝图,我园探索建立了"一体两翼"发展规划。"一体",是指婴幼儿生命教育整体性研究与实践,体现了幼儿园发展的特色和方向;"两翼",是指围绕"一体"设计的重点工作项目和重点研究课题。"一体"不变,体现发展方向的稳定;"两翼"持续创新,凸显发展过程的不断升级,通过"两翼"的研究,不断推动"一体"目标的实现。

以 2013—2015 年三年发展规划为例,"两翼"分别是研究课题"中华优秀传统文化教育与生命教育融合路径与实践"和"'三研一体'教师生命教育素养研究与实践"。再以 2015—2018 年三年发展规划为例,"两翼"分别是研究课题"基于儿童生活世界的幼儿生命教育课程体系建构与实施"和"基于幼儿生命教育的大教研模式与实践"。在 2018—2021 年新三年发展规划中,"两翼"分别是研究课题"基于观察的幼儿生命教育课程评价的实践研究"和"生命教育家园社深度合作实践"。以课题研究为引领,有效促进了幼儿园办学品质的提升。

2."三个注重"的发展规划管理机制

(1)注重顶层设计

为确保规划的科学性、前瞻性,我园组建顶层设计专家团队,该团队由家长代表、相关专家、部分中层干部和教师代表组成,指导和参与幼儿园三年发展规划、学年园务计划、年度重点项目论证等工作。与此同时,还建立了年级组讨论、教职工代表大会表决、园务大会发布等程序机制。

(2)注重执行调整

建立发展规划的层层落实机制,以园所三年规划为总目标,园务计划聚焦中心工作,各部门计划落实发展措施,班级计划、专项工作计划具体落地。同时关注对发展规划的反思与调整,每学期各部门都会就学期计划进行小结,每年全园会对三年规划当年执行情况进行总结反思。

(3)注重实施保障

明确职责,将管理目标落实到人,不仅月月有考核,人人有职责,更将其纳入绩效考核体系。

新三年规划"一体两翼"的研制

2017年12月,会议室里热议正酣,制订新一轮三年规划进入了倒计时,规划设计是一次智力凝聚,更是一次脑力激荡。幼儿园邀请了家委会代表、战略发展团代表、一线教师等共同参与。

一周前,幼儿园的市级立项课题"基于儿童生活世界的幼儿生命教育构建与实践"圆满结题,课题研究的成果获得了与会专家的肯定。面临新一轮三年规划,幼儿园的设计蓝图是什么? 生命教育新的增长点又在何处? 如何继续以教科研为引领,探寻下一轮发展的核心项目? 这些问题成为新一轮三年规划会议的核心议题。

议程一:规划目标和重点项目的讨论。

张园长:生命教育是学校持续10年的探索,在过去的三年里,在市级课题"基于儿童生活世界的幼儿生命教育构建与实践"的引领下,幼儿园从理念到文化,从课程到环境已经逐步形成了幼儿生命教育的办园特色。生命教育依然是园所继续前行的方向。

陈教授(战略发展团):下一轮三年规划必须立足过去三年紫薇的发展现状(规模、师资)和优势经验。一所幼儿园要持续发展,打造办园特色是核心,应基于上一轮三年规划生命教育课程研究成果,继续完善幼儿生命教育课程,提炼形成可引领、可辐射的经验,进一步打造园所的生命教育品牌。

徐老师(战略发展团):三年规划基本要解决以下三个问题,即我们在哪里? 我们要到哪里? 如何到那里? 刚才大家已经讨论了我们在哪里,生命教育的成果就是我们已有的积淀,也是新的起点。我们要到哪里? 幼儿园的办园理念、教育思想、基本原则、发展目标等就是我们要前进的方向。如何到那里? 这个问题是新一轮三年规划最重要的一部分。我们可以继续打造"一体两翼"的规划格局,前一轮三年规划"两翼"成功完成,接下来需要确定新一轮三年规划的"两翼"。

项老师:从上一轮三年规划成果结题报告中,我们发现,幼儿生命教育一定是家园深度合作共同开展的。我们的家园共育实践已经取得一定的成效,在下一轮三年规划中要继续深入研究生命教育中家园的深度合作。

陈老师：幼儿园的生命教育研究成果已通过学前教育年会、课题成果出版等在上海市内外产生了影响和辐射，但生命教育课程的实施评价环节还比较薄弱，可以以此作为新一轮三年规划生命教育研究课题。

议程二：主要任务与具体举措的讨论。

陈教授：本轮规划应该进一步明晰办园理念、教育观、儿童观、教育观、基本思路和发展目标。

彤彤爸爸：生命教育课程是我们的特色，也是我们的研究成果。我们要考虑清楚生命教育课程到底怎么划分。

周周妈妈：课程的实施需要一支强大的保教力量，我们要怎么进行保教队伍建设？有哪些举措？这些都是做好课程实施评价的重要保障。

佑佑妈妈：家园共育是我们幼儿园的特色，在新时代背景下，面对如今的二孩政策，我们家园共育的架构是否需要调整了内容是否需要继续丰富？保障机制是否需要加强？科研如何与家园共育相结合？这些都需要我们作进一步的思考。

经过热烈的讨论，最后形成了 2018—2021 三年规划"一体两翼"发展格局。

图 4-4　2018—2021 三年规划的"一体两翼"

我园每一轮三年规划都通过多主体参与，全方位讨论，确定新的发展格局，发挥规划的引领作用，为生命教育的发展提供具体抓手。

三、聚焦专业素养的队伍培养机制

我园以五项专业素养提升为培养内容,以三个共同体打造为培养路径,以专注培育党员先锋、卓越教师、专业后勤三支臻品队伍为抓手,夯实生命教育持续发展的基础。

(一) 重视研制"一份规划"

教育要发展,师资须先行。生命教育从理念融合到教育行为落地,从文化认同到课程研发,师资队伍才是生命教育源源不断的生命力所在。培养一支与生命教育相匹配的臻品队伍,成为各项管理工作中的重中之重,也是幼儿园发展顶层设计的重要内容。

为了做好这份规划,幼儿园对教职员工进行问卷调查和访谈,了解教师队伍发展的主要特征和教师需求,针对问题和瓶颈开展成因分析,深化管理育人思想,以努力打造有理想信念、有道德情操、有扎实学识、有仁爱之心的教师团队作为目标。同时,结合幼儿园发展计划和重点项目,研制出"教师培养实施三年发展规划",并立足每位教职工自身岗位,结合队伍发展规划、幼儿园发展规划,为教师量身定制个人三年发展规划。

(二) 专注培养"三支队伍"

调研发现,队伍的培养要有侧重,如先锋队伍发挥引领作用,专业队伍发挥研究作用,保障队伍发挥创新作用。根据调查结果,我园聚焦培育党员先锋、卓越教师、专业后勤三支臻品队伍。

针对党员先锋队伍的培养要求每位党员亮身份、显特色,主动承担幼儿园重大任务和科研项目,每学期开展1—2次党员示范课,每月主持年级组政治学习工作等。

针对卓越教师队伍的培养,提出教师"不仅是课程实施者,也是课程领导与设计者"的要求;同时突出骨干教师的引领作用,通过建立骨干教师领衔的三个共同体——班务共同体、特色共同体、研究共同体,发挥卓越教师创新引领作用,带领全体教师共同前进。

　　针对专业后勤队伍的培养,全面开展"三落实"项目,即落实队伍优化、落实优质培训、落实评价反馈;同时建立由保育员与班级两位教师、一位家长组成的"四位一体"班组班务工作团队,协助落实生命教育的理念和课程的班本化实施。

（三）聚焦发展"四个阶段"

　　教师们因自身的年龄特征和职业阶段不同,各自的需求和发展重心差异很大,因此要让队伍快速成长,必须按需定制教师发展规划,为不同阶段的教师提供不同的培养措施。通过多轮队伍建设规划的问卷调查,幼儿园将教师发展阶段划分为见习期(入职 1 年)、职初期(入职 2—5 年)、发展期(入职 5—10 年)和成熟期(入职 10 年以上),针对不同阶段的教师,搭建不同的平台,支持个性化成长,如开展兴趣先导特色培训,兴趣引领形成共同发展团队,因才设岗发挥辐射引领作用等,形成"一专多能"的学习和成长机制。针对幼儿生命教育的实施,园所组织教师走出校园,走向社会,接触经典,亲近自然,提高教师的生命素养和精神生活品质。

（四）创新形成"五专、三共"培养模式

　　"五专"是指开展生命教育,教师应具备的五种专业素养,包括师德品质与育德能力、家庭教育指导能力、生命教育课程实践能力、教育科研能力和信息技术应用能力。"三共"则是指三个成长共同体,即班务共同体、特色共同体、骨干青年教师共同体。不同阶段的教师在三个共同体中互学互助,共同提升五种专业素养。

　　1. 五种专业素养提升

　　（1）立德树人,师德品质与育德能力建设

　　"德是为人之本",教师的思想道德水准会影响他们的工作态度和工作行为。幼儿教师职业的特殊性,首先要强调教师的思想道德建设。一方面,有计划、有步骤地组织教师学习《中华人民共和国教师法》《中华人民共和国教育法》《儿童权益公约》《幼儿园教师道德标准(试行)》等一系列法律法规文件;另一方面,定期组织教师交流心得体会,并将收获应用到自己的实践中去。幼儿阶段的启蒙德育是生命教育的根本任务,要求教师站在立德树人的高度认识生命教

信息技术应用能力　　　师德品质与育德能力

骨干青年
教师共同体

班务
共同体　　特色
共同体

家庭精确指导能力

生命教育课
程实践能力

教育科研能力

图 4‑5　"五专、三共"培养模式

育在幼儿阶段乃至生命全阶段的意义。

（2）实践创新，生命教育课程实施能力建设

在生命教育课程研究与实施过程中，教师的生命教育课程实施能力起着关键作用。只有关注到这一点，生命教育才是有生命力的，可持续发展的。在实践中，找到生命教育之魂，正是在每一位教师需要具备的专业能力。通过园本培训，教师学习生命教育课程理论与框架、生命教育课程之集体教学活动研究与有效实施、生命教育中运动品质的研究等方面，在生命教育课程实施中不断创新，推动生命教育课程实践能力进一步提高。

（3）共探标准，家庭教育指导能力建设

随着对家园深度合作的研究，教师在从单向指导向双向互动、生态合作的指导模式转变过程中，不断提升自己的家园合作能力。依托重点课题"发展生态学视域下幼儿生命教育家园深度合作的实践研究"，通过专项培训，让教师共同参与研究制订家园合作教育指导专业标准，从态度、知识与能力三方面提出专业要求。

（4）严谨求实，教育科研能力建设

我园将教育科研与核心课题相结合，依托核心课题研究，针对教师研究需求，提供关于"如何进行文献检索""如何选择研究主题""如何撰写研究报告"

"如何进行问卷设计"等方面的培训。除了学习教育科研的基本方法,还重视将严谨、客观等教育科研精神融入教师自身的专业素养中。

（5）创新技术,信息技术运用能力建设

随着人工智能的迅速发展,孩子的生活与学习,无不渗透着现代信息技术。这意味着学前教育工作者要与时俱进,学习现代信息技术,并将信息技术恰到好处地运用到生命教育之中。为此,园所建立了紫薇电视台、班级电视台,不断加快数字校园建设,促进信息技术与教育教学、园所管理深度融合,积极探索幼儿园智慧生命教育模式。与此相应,还通过培训、研修、科研等方式,提升教师的教育信息化意识和能力。

2. 三个共同体打造

（1）班务共同体

针对新教师对班务工作的经验缺乏和中老年教师职业倦怠等问题,我园以全覆盖的班务带教工作,实现这两类教师的共同提升,解决教师发展的瓶颈问题。具体来讲,关注新老教师搭配,实施基本班务工作考核和班务特色工作奖励机制,让老教师实现自身价值,带好新兵,同时让新教师发挥积极进取,创新实践的精神,让每个班级有文化认同,有育人责任,有班务工作特色。

（2）特色共同体

基于教师对自身特色发展的需求,我园依据《3—6 岁儿童学习与发展指南》构建特色共同体,由园长、区级骨干教师、园本特色型教师领衔,组建"幼儿音乐活动特色组""幼儿生命探索活动特色组""幼儿美术教学活动特色组""幼儿数学活动特色组""幼儿运动课程特色组""幼儿语言活动特色组"等多个特色共同体。

教师基于自身需求,自主报名。通过"一课三研"的形式,研究学科特质、幼儿年龄特点和学习特点,旨在提高教师生命教育课程的实践能力。一研多由职初教师承担;二研多由骨干教师承担,三研大家集中讨论一研、二研中出现的问题,最后一起备课,形成示范课教学。

（3）骨干青年教师共同体

青年教师与骨干教师形成学习发展共同体。通过师徒结对,发挥骨干教师拥有丰富的教育教学经验、青年教师擅长现代化技术的优势。

追求与热爱 陪伴与坚守

有人说,最幸福的事情就是拥有一份喜欢的工作。作为一名幼儿教师,我庆幸我做到了,并一直坚守这一份热爱。2021年是我迈上工作岗位的第六年,这六年的成长离不开紫薇实验幼儿园为我提供的各种学习的机会和平台。

一、参与培训,夯实职业基础

踏上工作岗位的第一年,我成为幼儿园见习教师规范化培训基地的成员。为了帮助我们见习生尽快地进入教师这个角色,幼儿园组织了丰富多样的活训动。一年的时间很快,培训带给我们见习教师的不仅仅是怎样做一名幼儿园老师,更是告诉我们应该如何将这一份平凡的工作做好。

见习期结束后,第一届上海市见习教师规范化培训的展示活动开始了,我很幸运能代表幼儿园参与这一次市级比赛,这对当时的我来说,压力不小。虽然每一项比赛内容都是全新的、充满挑战的,但是幼儿园百分百的支持给了我很大的鼓励。最令我难忘的是,为了锻炼我的临场反应能力,幼儿园依托带教机制组织了专场教研,让我将比赛内容模拟给所有老师们看,这段充实的时光让我不断前进。见习教师规范化培训这一年,实实在在地夯实了我的职业基础。

二、多维带教,引领专业发展

成长道路上离不开每一位带教老师的辛苦付出。见习教师规范化培训结束以后,我也正式走上工作岗位,但学习仍不停止——骨干教师带教、特色小组带教、师徒结对等等,每一位带教老师都给我的职业生涯成长添上了重要的一笔。

工作第一年,青涩的我第一次承担开放活动。第一次开展音乐活动"淘气的小小鸡"时,当时我脑子里一直在背教案,难免有些顾此失彼。活动后,园长亲自指导,告诉我生命教育的每一个活动都要理解其背后的意义,更需要基于儿童的视角来解读,还现场为我演示,这让我对集体教学活动有了全新的认识。正是有了这一次次的锻炼、积累,有了一次又一次的听课、研课的经历,当我再次站在几十名陌生的老师们面前进行开放活动时,我不再紧张,更关注于活动本身,更能专心观察每一个孩子。

工作六年来,在前辈老师们的帮助与支持下,从入职第一年的懵懵懂懂,到第二年的小试牛刀,再到找到自己的教学风格,自信地站在孩子们面前,一次又一次的磨练、收获、思考让我不断成长:先后获得上海市见习教师评比一等奖、徐汇区骏马奖、徐汇区园丁奖、上海市优秀青年团员等奖项荣誉。正如张爱莲园长说的,"成长是需要磨炼的,成长更是需要付出的"。

在紫薇实验幼儿园的这些年,我更热爱幼儿教师这份职业,热爱这样一个团队,爱上成长途中无数挑战和挫折。

(教师　周龚尧)

四、注重涵养生命的环境文化创建

(一) 打造凸显生命教育价值的园所环境

将园所环境作为重要的文化阵地,坚持让环境说话,让环境育人,让环境蕴含生命。园内的自然环境优雅,曲径蜿蜒,绿树成荫,果树成林,鸟语花香,四季自然风景优美。除了设置"'悦'读世界""'玩'美世界"等专用活动空间,喷水池、沙池、海洋球馆、溜冰场、大型运动器械、大型塑胶操场等功能区之外,幼儿园还根据生命教育课程目标设计了特色环境。一是设计了"薇爱气象台""薇爱喂鸟站""薇爱鱼池""薇爱小农田""薇爱百草园"以及各班探索生命的自然角等自然生态环境,引导幼儿在亲近自然的过程中感受自然的奥秘、生命的轮回,进而认识生命;二是创设了"中华优秀传统文化二十四节气小景点""爱莲妈妈信箱""爱莲妈妈聊天吧""我与大师对话""紫薇音乐厅"等人文体验环境,鼓励幼儿与环境互动,通过大胆的表达与表现分享对生命的热爱与感悟,进而懂得热爱生命、尊重生命。

爱莲妈妈信箱,传递浓浓师生情

书信是人与人之间沟通的一种方式,相较高科技的网络、电话,书信更有一番独特的韵味。书信拥有悠久的历史,在人类交流与沟通的历史上占有重要地位。

幼儿期是幼儿掌握语言的关键期,因此在生命教育浸润式环境的创设中,我园注重语言文字的渗透。每个分园都有一个爱莲妈妈信箱，初衷是为家长和幼儿提供和园长沟通交流的平台，通过写信、寄信、收信以及回信的形式来引导幼儿愿意写、大胆说、尝试做。

自从有了爱莲妈妈信箱，孩子们开始尝试用图画或者文字和园长或是老师、同伴进行书信的交流。在自由活动时，经常能听到孩子们的聊天，"今天我交到了一个好朋友，我要回家写信告诉爱莲妈妈。""老师说我今天的作品很棒，我要回家再画一遍，寄给我隔壁班的好朋友。"孩子们把自己的期待和情意都装进信封里。当然，期待爱莲妈妈的回信，也成了孩子们上幼儿园的一份乐趣。

爱莲妈妈信箱的开启时间为每周三，由中大班的幼儿轮流担任邮递员，将信件取出后逐一派送到收件人的手中。爱莲妈妈信箱里有寄给爱莲妈妈的感谢信，有向老师表达祝福的话语，有孩子们之间交流小秘密的悄悄话……一字字、一笔笔虽然稚嫩，但看得出孩子们的用心。

每月月底，还会在征得作者的同意后，展示精彩的信件，供大家学习和交流。书信无需长篇大论，简简单单的一句话也能传递幼儿园与孩子、家长之间的情感。

通过孩子们寄信、爱莲妈妈回信，激发了孩子们热爱幼儿园、热爱老师的情感。

（教师 徐悦）

（二）创设凸显"薇爱"文化的人文环境

通过"我为紫薇增色，紫薇因我而亮丽"等系列活动，从人际、师生、家园、社园、课程五方面建设和谐紫薇，不断优化人文氛围，激发幼儿、家长、教师的文化认同感、归属感、荣誉感。例如，家长、幼儿、教师共同参与设计园徽、园歌、园旗文化标识；开展"发现亮丽""展现亮丽""持续亮丽"三个序列活动，将关爱生命渗透在校园文化建设中；开展关心教师职业幸福感的"靓丽人生""感动人生"系列活动；开展关爱教师身心健康的"健康人生""饕餮人生"系列活动；开展关注教师文化提升的"艺术人生""读懂人生"系列活动；开展关爱他人、关心团队的"品味人生""互享人生"系列活动；开展"我的紫薇我的梦""我和紫薇的故事""薇爱有你"等系列校史校庆活动。2019年，一场由全体紫薇师生、家长和社区工作者共同参与的"我和我的祖国"快闪活动，深刻诠释了"薇爱"文化的本义。

　　基于对这些关键点的思考,幼儿园初步形成了"151"管理育人模式,该模式以大教育观为育人思想,以生命教育为育人特色,包括文化建设、队伍建设、科研建设、生态建设和信息技术建设五项内容。"151"管理育人模式,以育人为价值导向,遵循现代教育发展规律,体现了生命教育办园特色。

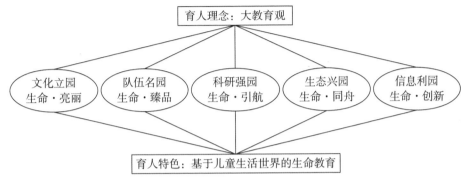

图 4-6　"151"管理育人模式

薇爱守护　关注成长

　　紫薇实验幼儿园一直致力于家园深度合作的生命教育研究,践行现代化学校管理模式,邀请家长代表走进幼儿园,了解幼儿在园的一日生活,发挥家长监督机制,让其参与提升幼儿园的办学质量。

　　作为网上报名"十二时辰"入选的幸运儿,新冠肺炎疫情后,我首次踏进了熟悉却又陌生的紫薇实验幼儿园桂平路分园。晨曦中,孩子们三三两两开心地走进校门,呼朋引伴,热情问候,幸福的笑脸一下温暖了还有一丝丝寒意的清晨。我办好手续持证上岗,门里门外,真的有不一样的心情与风景。

　　一、总有让你想不到

　　来之前,我其实设想了很多,但还是被一个个"没想到"所惊到。清早七点没到,辛勤的阿姨和老师们已经陆续上岗;这里的植物繁茂,却被打理得井然,落叶只属于夜晚的风景;孩子们小身躯大能量,能与老师一起布置和回收教具,打卡、测温、洗手、晨检、熟门熟路进入班级,一气呵成,自理能力爆棚;园所氛围宽松,却在细节上把隐患一一消灭,这不是一所武装到牙齿的幼儿园,却是一所让人心安的幼儿园。走进这里,总是让你感觉,她(他)们比你想得多一些,做得多一些,动得快一些。

二、丰富的教育空间资源

山坡、草地、池塘、小桥、沙滩、农田、花圃、楼宇、长廊……这是紫薇实验幼儿园立体而丰富的教育空间资源。沙滩上,孩子们正穿着纺纱裤和靴子欢快地挥舞着铲子;青葱披绿的山坡上,一个班级正在举办"野餐"活动,"餐点"丰富;操场上,"老板"正与"员工们"商量店面如何布置,几经协商达成共识;教室空地前,小班的孩子正拎着水壶为生机盎然的班级植物浇水,一盆一盆,轻轻地,慢慢地,仔仔细细地;老师精心布置的根系生长观察箱前也围着一群孩子,在探讨着生命的力量;大型游戏区前,"仙女们"正在轻柔乐曲中翩跹起舞,投入的舞者忘却了旁人赞许的眼光。孩子们的世界,没人打扰。这是自主游戏时间,作为守护者,老师只根据孩子的需求给予帮助,提供建议。同行的郑雪梅老师告诉我们,"相信孩子,支持孩子,引导孩子,这是老师在这个特殊游戏环节要做的"。在人格上与孩子平视,也许这就是孩子热爱紫薇实验幼儿园的根本原因。

三、一群智慧的老师

老师们总会让人觉得他们明明就是一群发明家和美好生活创造家,他们用手边的素材创设了许多闻所未闻的教育游戏和教育环境。许多教具都是纯手工制作,加入了育人元素,经过老师们的妙手华丽变身。有幸围观了小班老师制作的可穿脱、可拼接的"马甲车厢"以及"炭火熊熊"的烧烤炉、微型地图等等,真是创意无限。途中,我与好几位老师做了短暂的交流,也真真切切领教了幼儿教育学问大。作为家长,我们要尊重专业,相信专业,配合老师们实现家园合作育儿。

四、爸爸妈妈别烦恼

一路上听着老师们如数家珍的介绍,很多妈妈忍不住赶紧抓住机会讨教育儿妙招。"宝宝莫名而来的小情绪如何应对""鸡与不鸡,爹妈真的好纠结"……老师笑着说:"你可以多关注我们幼儿园微信公众号每日推送的薇爱课程,从营养到教育,从世界名画到家庭游戏,还有育儿经验分享,应有尽有。"我深切感受到,年轻家长要用静待花开的心态耐心地等待孩子的成长,多一些陪伴、多一些信任。

(家长　鹿鸣妈妈)

第五章

幼儿生命教育之域——协同与合力

我园的幼儿生命教育基于儿童生活世界的教育。儿童的生活场域包括幼儿园、家庭和社区及三间之间形成的丰富关系。正因如此,幼儿园、家庭和社区自然也是幼儿生命教育的主体。家庭和幼儿园两大主体间协同合作与否是生命教育能否有效推进实施的关键所在。以下将从家园合作的发展历程、创新举措等方面,介绍生命教育家园合作的育人模式。

一、家园合作的发展历程

我园的家园合作历经了单向指导、双向互动、深度合作三个发展阶段。

(一) 探索历程

建园之初,我园就开始并研究 0—6 岁幼儿早期家庭教育指导,成为全国家庭教育指导基地,并被评为上海市家庭教育指导特色学校。此后,又一直探索和实践家园合作,迄今已经过三个发展阶段。

图 5-1　家园合作的发展历程

1. 单向指导阶段(1997—2007 年)

在此期间,家园工作强调的是对家长进行单向服务与指导。当时,我园课题"0—3 岁婴幼儿家庭教育指导模式的研究"引发了整个上海乃至全国对 0—3 岁家庭教育指导的讨论与关注。整个社会对于学前阶段家庭教育的思想、理念、行为缺乏关注。在此背景下,我园提出家庭教育指导的十大模式:亲子游戏法、电话访谈法、专家咨询法、网络媒体法、资源共享法、辨析反思法、管理监督法、成长记录法、展示分享法、社会实践法。十大模式在较长的时间里推动社会更加关注亲子教育、亲子互动。

2. 双向互动阶段(2008—2018 年)

2008 年,我园开始生命教育的整体性实践,家园合作也相应进入新阶段。该阶段,教师更注重与家长的互动,幼儿园与家庭的联动,逐渐完善了家园互动合作的八大方法:亲子活动参与法、家长沙龙辨析法、家长资源共享法、网络媒体互动法、专家咨询沟通法、评估观察记录法、课程管理研究法、亲子漂流书吧。同时,在多彩生命教育课程研究中,又将家长生命教育指导课程作为园本课程的内容之一,以实现家长、教师、幼儿的共同成长。

3. 深度合作阶段(2018 年至今)

该阶段,我园创造性提出家园深度合作的理念,突破了以幼儿园为单一主体的家庭教育指导传统模式,构建起以教育伙伴关系为特征的家园深度合作育人生态共同体。

(二) 内涵特点

1. 家园深度合作提出背景

我园提出家园深度合作,有三个重要背景:

一是家长的新变化。社会在飞速发展,育儿主体的思想意识以及能力也在不断变化。80 后甚至 90 后成为父母,他们多为独生子女,较之 60 后、70 后父母,他们个性更加鲜明,自主意识更加张扬,获取幼儿教育信息的渠道更多。幼儿家长的这种时代特点要求幼儿园既要重视与家庭、家长的合作,又不能以传统的权威者角色命令家长们言听计从。这就要求我们主动重塑新时代背景下的家园关系,走向家园深度合作。

二是理论的新发展。发展生态学理论认为,儿童受到多个相互嵌套的生态系统的共同影响,其中学校和家庭是影响最大的直接、近端系统。正因如此,家校合作是二十世纪后半叶以来世界教育改革的一个历史趋势。[①] 特别是爱普斯坦(Epstein)在发展生态学等理论基础上,提出指导家校合作实践的交叠影响域模型(Overlapping Spheres of Influence),并构建了当好家长、相互交流、志愿服务、参与决策等具体实践类型。这些研究为家园深度合作奠定了坚实的理论

---

① 张俊,吴重涵,王梅雾,刘莎莎.面向实践的家校合作指导理论——交叠影响域理论综述[J].教育学术月刊,2019(5):3-12。

基础。

三是实践中的老问题。在教育实践中,家庭乃至幼儿园往往存在这样的认识:当幼儿被送到幼儿园,家园之间的联系就产生了;而当幼儿毕业升学后,家园之间的联系就结束了。这种认识偏差往往导致家校合作长期存在三个突出的问题:单向性(幼儿园单方面指导家长),浅层性(简单的活动协助),短暂性(合作关系随着毕业结束)。这种传统的家园合作与现代教育理念背道而驰,也影响了幼儿园育人功能的实现。要破解实践中的老问题,必须走向家园深度合作。

2. 家园深度合作的内涵

家园深度合作是一种以大教育观为指导,以构建育人生态共同体为基础,以主体双向互动、合作内容多维、合作时间持续为特征的协同育人模式。

如前文所述,大教育观包括"四全"的丰富内涵,即时间角度的全时程教育、空间角度的全方位教育、人本角度的全主体教育、发展角度的全人教育。幼儿教育不是幼儿园的"独唱",而是幼儿园、家庭、社区的"共舞",深度合作正是大教育观在家园工作方面的具体体现。

由于家庭教育与幼儿园教育在目标上的一致性、时间上的衔接性、形式和内容上的互补性,因此融合了家庭与幼儿园两大教育主体力量的家园深度合作突破了以幼儿园为单一主体的家庭教育指导传统模式,为推进有效落实立德树人根本任务提供了理念指导和模式指引。家园深度合作具有以下三个特点:

一是双向性。家长不再是单纯地接受指导的对象,而能通过自身的专业、能力等参与到幼儿园的各环节与项目中,形成幼儿园指导家长、家长反哺幼儿园、家园协同互动联合的育人共同体。

二是多维性。家园深度合作涉及多维、立体的合作内容,特别是园所发展战略的合作规划、育人课程的联合开发、幼儿园治理的协同参与、育人资源的整合共创等,充分体现合作的深度。

三是持续性。幼儿园与家长的关系并不是工具性的关系,也不是服务性的关系,而是一种持续的育人生态共同体的关系。

在示范园评审反馈时,专家这样评价家园深度合作:"在紫薇实验幼儿园,家园不是简单的相加,而是深度的融合,值得肯定。"

二、家园合作的创新举措

（一）家园深度合作模式的创新

1. 以生命教育为主轴

家园合作的研究与创新，并不是独立于生命教育研究之外的。从办园之初推行安全教育到 2008 年率先提出生命教育课程理念，从开创 0—3 岁起始生命教育课程到 3—6 岁多彩生命教育课程体系化，从家园合作的生命教育到园所、家庭、社区"三位一体"的生命教育，生命教育的理论研究和实践探索从未间断，与之同行的则是以生命教育为主轴的家园合作研究与实践。家园合作的发展见证了生命教育的拓展。

家园深度合作课程是生命教育课程的一部分，课程强调尊重幼儿的个性化发展，着眼于幼儿经验的扩展、提升，满足幼儿的兴趣和特殊需要，为幼儿的终身发展奠定基础。

图 5-2　家园深度合作课程

（1）家长指导内容

基于家园深度合作，教师和家长对已有生命教育下的家长指导内容中的目标、内容、指导方式、延伸活动进行优化，针对每个单元的生命教育核心要素以及幼儿的年段特点，设计了多领域的家长指导内容。

表5-1　推荐给家长的指导内容(列举)

第一单元 成长与适应	小班	语言:手指谣。 游戏:我的名字;小红脸和小蓝脸(视频)。 故事:《小白上幼儿园》《小猪菲奥娜的重要一天》《一口袋的吻》《汤姆上幼儿园》。 传统文化内容推荐:民间游戏"地雷爆炸";民谣《一二三四五》《老师早》。
	中班	安全:小猪受伤了。 科学:耳朵有什么用;如果没有眼睛。 故事:《这就是我》《我要长高》《想长高的小老鼠》《小熊猫在幼儿园里》《有本领的小白鹿》。 传统文化内容推荐:古诗《静夜思》《嫦娥》。
	大班	科学:我做小导游。 社会:我不生气了。 健康:食物旅行记;保护牙齿。 艺术:月亮的遐想。 语言:月亮的味道。 故事:《我在一天天长大》《我当哥哥了》《我有个妹妹》《我的变化大》。 传统文化内容推荐:古诗《中秋登楼望月》;成语故事《嫦娥奔月》。

(2) 渗透生命教育理念的家长论坛

在进行生命教育家园深度合作的过程中,生命教育课程理念也渗透到家长论坛中。具体做法为:根据不同幼儿的年龄特点,结合园本化生命教育单元主题和生命教育核心要素,制订相应的家长论坛讨论主题;随后利用微信,每月定期开展家长论坛。在教师的引导和梳理下,每位家长都能够围绕论坛的主题进行讨论和分享。通过学习讨论,家长们更新了理念,深化了家庭教育知识。

表 5-2　家长论坛主题

主题	小班	中班	大班
第一单元： 成长与适应(9月)	如何消除幼儿入园分离焦虑	如何适应中班生活	征集课程金点子
第二单元： 热爱与自豪(10月)	推荐适宜小班孩子出行的场所	国庆节亲子游	如何寻找契机开展爱祖国的教育
第三单元： 应变与生存(11月)	食品卫生大家说	幼儿意外伤害处理知多少	如何科学地面对自然灾害
第四单元： 感恩与辞旧(12月)	感动一刻——记录孩子的成长故事	感动一刻——记录孩子的成长故事	感动一刻——记录孩子的成长故事
第五单元： 感受与探索(1—2月)	春节访客礼仪大调查	孩子的压岁钱怎么用	如何寻找契机开展爱祖国的教育
第六单元： 互助与关爱(3月)	在生活中如何培养孩子的爱心	生活中寻找契机开展爱的教育	让世界充满爱——如何让孩子学会关爱
第七单元： 起始与展望(4月)	春季家庭营养食品介绍	春季踏青亲子游	带孩子去公园郊游时,你会注重孩子哪方面能力的培养
第八单元： 发现与探究(5月)	假期旅行的安全教育	家庭出行交通安全策略	家庭出行交通安全策略
第九单元： 期待与回忆(6月)	快乐、安全的暑假生活计划分享	暑假亲子同游大搜索	你准备好了吗?——如何做好幼小衔接工作
第十单元： 防范与保护(7—8月)	暑假活动		

关爱幼儿成长，筑建沟通桥梁

"开启幸福童年，绽放多彩生命"是紫薇实验幼儿园生命教育的核心理念。为了让孩子有个幸福、健康的童年，幼儿园每月都会根据孩子的成长需求与家长共同设定成长主题开展微信论坛。

例如，孩子在成长的过程中，家长都会有各种担心和焦虑，"2岁幼儿是否需要使用尿布？""2岁幼儿喝奶是否能继续用奶瓶？"等。论坛上，大家根据孩子的成长特点，畅所欲言。再如，有一期的论坛主题是关于如何预防春季过敏，因为我家孩子是过敏性体质，春季是过敏高发期，于是我特别关注各位家长的分享。从每位家长一次次的交流总结中，我了解到了我一直忽略的问题，原来孩子的过敏与洗晒、饮食、睡眠等各方面都有关系，我一直关注的是如何治疗，没有从防护方面考虑。伴随着孩子的成长，我们会面临各种新问题。大家在论坛上畅所欲言，以集体的智慧陪伴孩子们更好地成长。

每一期家长论坛，我都会如期参加，与各位初为人父和为人母的家长们共同了解孩子的成长点滴，互相取经。非常感谢幼儿园给予我们家长这样一个平台，让我们根据孩子的年龄特点，与幼儿园同步开展教育。家园合作，让孩子更好地成长，绽放多彩的生命。

（家长　烨烨妈妈）

（3）园外生命体验活动

幼儿通过直接感知、实际操作和亲身体验获取经验，体验是幼儿学习与周围世界相处最为普遍的方式。基于儿童生活世界的生命教育重视体验式教育，内容的选择注重既贴近幼儿的生活，又有助于拓展幼儿的经验。在园内生活中，受各种因素的制约，幼儿往往不能亲自感知、操作和探索。因此，结合幼儿的年龄特点和心理特点，开展丰富的园外生命体验活动，能让幼儿通过自身体验，了解社会和大自然。

表5-3　园外生命体验活动

主题	小班	中班	大班
第一单元：成长与适应（9月）	上学路上	我周围的生活圈	市民健康体质测量

（续表）

主题	小班	中班	大班
第二单元： 热爱与自豪(10月)	感受魅力上海	参观徐汇滨江	体验上海旅游节
第三单元： 应变与生存(11月)	参观民防科普教育馆	亲子野外生存	佘山营地体验活动
第五单元： 感受与探索(1—2月)	豫园赏灯	参观梅园	逛逛城隍庙
第六单元： 互助与关爱(3月)	崇明植树	清洁楼道	争当护绿小卫士
第七单元： 起始与展望(4月)	青青草莓园	江浙沪亲子游	熊大叔开农场
第八单元： 发现与探究(5月)	参观上海动物园	看一场儿童电影	参观上海自然博物馆
第九单元： 期待与回忆(6月)	参观金山城市沙滩	参观金山城市海滩	参观我的小学
第十单元： 防范与保护(7—8月)	暑假活动		

园外体验活动——享受自然，拥抱金秋

　　紫薇实验幼儿园的生命教育基于儿童生活世界，根据幼儿的年龄特点，运用"体验式"教育来进行。对于紫薇实验幼儿园的生命教育理念，我十分赞同。怀着满满的期待，我和森文一同参加了小四班家委会组织策划的第一次户外集体活动。孩子们像精灵一般跃进秋天五彩斑斓的怀抱中，荷花池中的小鱼也大方地和孩子们打招呼，宽阔的草坪成了孩子们嬉闹的大型游乐场，涓涓的流水声流淌进了每一个孩子的心里……在行船的过程中，发生了一件突发事故，一位小朋友的船在湖中心出现了问题，上岸后，这位小朋友害怕得快要哭了，而同行的小伙伴却耐心、温柔地安慰她，感动了周围的所有人。

每个人并不是独立存在的,是在与自然的互动、与他人的交往中不断成长的。紫薇实验幼儿园的生命教育让我们和孩子们一起成长。家园深度合作让孩子们更加健康、自信、友爱。

（家长　森森妈妈）

（4）凸显个性化需求的家长讲座

家园深度合作课程的一个重要内容是对家长普及生命教育的相关知识、引导生命教育方式、指导存在的问题,以及提供满足家长个性化需求的服务。这种普及、指导与服务除了向家长提供生命教育的文字音像资料、与家长个别进行沟通交流外,还可以采用家长讲座的形式。我园根据幼儿生命教育家园深度合作的要求,设计了一学年的菜单式家长讲座内容,园所领导、骨干教师、园外教育专家等组建专家指导团开展讲座,给予指导。比如,10月份有"秋季疾病预防""过敏的中医防治策略""幼儿合理营养与健康"等讲座,11月份有"消防安全""防灾避害安全逃生""幼儿交通安全"等讲座,家长可以根据自己的不同需要,选择不同的讲座内容。这些家长讲座内容实用、适切、科学,富有操作性和体验性,能满足了家长个性化和专业化的需要。

表5-4　家长讲座内容

时间	名称	形式	内容
9月	生命课程解读	家长会	班主任为家长介绍新学期将如何开展生命教育课程。
	家长第一课	讲座	今天,我们怎么做家长?
10月	秋季疾病预防	专家讲座	邀请上海中医药大学教授为家长介绍幼儿中医保健知识,和家长分享如何让幼儿少生病。
	过敏的中医防治策略	专家讲座	邀请上海市医学中心医生对过敏现象进行专业解读,通过生动的讲述与专业的剖析,为家长送去养育知识。
	幼儿合理营养与健康	专家讲座	邀请上海市第六人民医院儿科医生家长讲述如何合理搭配幼儿膳食营养。

（续表）

时间	名称	形式	内容
11月	消防安全	专家讲座	邀请上海市消防局宣传科开展消防安全讲座，让家长和幼儿对消防安全知识有进一步的认识。
	防灾避害安全逃生	专家讲座	邀请上海市民防培训教育中心专家向家长介绍如何在自然灾害（如地震、火灾、台风）中防灾避害，学会自我保护。
	幼儿交通安全	专家讲座	邀请徐汇区交警支队宣传科民警开展宣传交通法规的讲座，让家长了解安全驾驶关系着每一个家庭的幸福。
12月	婴幼儿急救	专家讲座	邀请专业人士开展婴幼儿急救的培训，让年轻的家长们掌握一些婴幼儿急救的方法。
1—2月	中华礼仪	专家讲座	邀请专家，根据幼儿年龄特点，有针对性地指导幼儿学习中华礼仪（托小班：做客礼仪；中班：餐桌上的礼仪；大班：人际交往礼仪）。
3月	爱的教育	讲座	园所教师团队向家长介绍"互助与关爱"单元主题中"爱"的系列活动，让家长对幼儿园"爱"的系列活动有更深入的了解。
4月	营养早餐	互动式讲座	由园所的后勤老师带领保健老师、营养师，指导家长学做营养美味的点心，让幼儿吃得更健康。
5月	如何培养孩子良好的习惯	讲座	园所教师根据托班、小班、中班、大班幼儿年龄特点，从不同角度介绍如何培养孩子生活、行为、学习的良好习惯。
6月	夏季的饮水安全	讲座	请保健老师介绍适合夏天饮用的营养饮料。
	幼儿心理健康咨询	大型咨询会	邀请老师和心理学儿科医生针对幼儿成长的困惑提供咨询。

家长讲座的感悟

　　紫薇实验幼儿园的家长讲座有什么不一样呢？我自己的粗浅体会是：时、事、热、点。"时"：根据生命教育的主题,开展和时节相关的讲座,为家长答疑解惑。比如,10月,随着天气的变化,孩子们的健康问题总是让作为家长的我们揪心不已。就在这个时候,幼儿园组织了一次讲座活动,请来了著名的中医专家王忆勤老师的团队,给大家带来了精彩的讲座"健康孕育的秘密"。在讲座中,我学到了如何静下心来倾听孩子身体发出的信号,顺应时节,给孩子贴心的呵护,让我获益匪浅。"事"：从孩子和家长身边发生的时事出发,帮助家长解决孩子成长过程中的困惑。"热"：紫薇实验幼儿园的家长讲座总能抓住幼儿日常生活中的热点问题,非常有针对性,很有意义。"点"：紫薇实验幼儿园的家长讲座非常人性化,让家长能够根据自己的需求进行选择。比如,11月的家长讲座紧扣本月的生命教育主题"安全",从不同的角度切入,有关于消防的、防灾的,还有关于交通的,家长可以根据自己的兴趣和需求选择不同的内容进行学习。

　　紫薇实验幼儿园的家长讲座想家长之所想,思家长之未思,让我们能够在幼儿园的三年里根据需求学习各自感兴趣的育儿知识,和孩子一同成长。

（家长　唐唐爸爸）

　　(5) 凸显家长主体的家长沙龙

　　家长沙龙是家园深度合作的重要形式之一。家长沙龙倡导由家长自行组织、策划,形成与生命教育相关的话题,并邀请教师或园方共同参与,构建出一个宽松、自主、自由的,家长与家长、家长与教师共同学习与交流的平台。

　　通过家长沙龙,较好地促进了基于幼儿生命教育的家园深度合作。我园每年会先组织有经验的班级在全园范围内进行一次家长沙龙活动展示,各班班主任和家委会代表列席。然后,各班根据本班情况自行组织班级家长沙龙活动。在沙龙活动中,家长们围绕教育中的热点话题进行探讨,在互动中学习先进家教经验,了解科学育儿方法,从而提升幼儿生命教育能力。

家长沙龙感悟

　　三年间,我们定期举办家长沙龙。幼儿园的生命教育让家长们在全社会焦虑泛滥的时代,暂时放下眼前的得失,摆脱功利心,遵循幼儿发展规律教育孩子,为孩子长远发展着想。

这是三年时间里最后一次家长沙龙活动,我们很自然地将话题的着眼点放在"珍藏现在,未来已来"这一主题上。沙龙上,我们用照片一起回忆了紫薇实验幼儿园三年给予孩子的教育,教会孩子认识生命,保护生命,热爱生命,尊重生命;从小培养孩子学会处理和周围人的关系(玩具互换,和妈妈说说"甜甜话"等),和周围事物的关系(小班参观幼儿园环境,走出校园、走进社区;中班参观消防局、超市、餐厅;大班为弟弟妹妹采购图书,游览外滩时采访路人等)。一次次社会实践见证了孩子的成长。

在回顾、分享中,我们真正感受到了生命教育的魅力。真正成功的教育是能够培养孩子终身学习、终身成长的素质,因为只有具备这样的素质,才能有助于孩子适应未来瞬息万变的时代。陪伴之路,我还会和孩子携手走下去,只要她需要,我都在她身边,做一个倾听者、一个知己、一个她人生路上的伙伴。

(家长　言言妈妈)

2. 园所治理的重要组成部分

家园深度合作需要构建起育人生态共同体。生态化协同育人以发展生态学理论为指导,从发展生态学视角和路径出发,形成家园深度合作的实践机制。基于上述认识,我园以机制构建为主要抓手,逐渐形成了"三会、二群、一册"生态化深度合作模式。"三会",即战略智委会、园级家委会和班级家委会;"二群",即互联社群和生态社群;"一册",即《家园合作指导手册》。

同时,建立紫薇实验幼儿园家长工作委员会办公室,并设固定的办公地点和时间。家委会成员、家长志愿者以及关注幼儿园发展的历届家长都能参与家长工作委员会的工作,及时了解幼儿园的发展情况,双方积极配合,相互理解,相互支持,在互动中共赢,以促进幼儿的发展。

3. 创建家园深度合作三项目

家园深度合作内容是通过不同的项目管理来落实的,主要包括三个项目:家长学习项目、家长管理项目和家庭成长项目。

一是家长学习项目,包括家长沙龙活动和专家咨询活动。家长沙龙活动围绕当下热点教育问题创设特定情境,开展形式多样的教育沙龙;专家咨询活动是为了进一步提高家长家庭教育的指导能力,满足不同家长的需求,邀请教育专家、学校教师、家长以及社区中的优秀人士组成专家讲师团,对家长在育儿过程中的困惑进行科学的指导。

　　二是家长管理项目,包括家长参与课程研究、家长评价监督课程、"紫薇十二时辰"活动等,邀请家长参与幼儿园的课程设计。

家长进课堂——我们的牙齿

　　家长进课堂活动是紫薇实验幼儿园的特色活动之一。在幼儿园的三年,通过"家长进课堂"活动,女儿从其他孩子的爸爸妈妈处收获了许许多多不同领域的知识和经验。我特地报名了本次的"家长进课堂"活动,希望通过我的专业领域的知识,让孩子们更好地认识自己的牙齿,并提升保护牙齿的能力。

　　活动前,我和郑老师、孔老师一同设计整个活动方案。通过与教师共同设计集体活动,我更清晰地认识到,设计好集体活动不仅需要我的专业知识,还需要了解小朋友的已有经验,考虑活动环节的动静交替等。最后,我们确定从牙齿的模型导入,让孩子们看一看、摸一摸切牙、尖牙和磨牙,了解它们的不同作用。

　　今天的家长进课堂活动让我体验了一次做老师的感受,这真是一次非常好的体验。"家长进课堂"活动有利于家长参与到日常教学活动中来,在和老师一起准备活动的过程中,更好地了解幼儿、了解生命教育;在和孩子们一起互动的过程中,帮助孩子更好地认识自己的生命,享受生命的美好。

(家长　涵涵爸爸)

　　三是家庭成长项目,包括宝宝评价成长记录、宝宝知心书吧、亲子体验活动、资源共享活动、媒体互动共享等内容。宝宝成长评价记录是鼓励家长与教师一起将幼儿成长中的表现记录下来,核对相关的评价指标,给予评价,包括家园互动专栏的宝宝成长手册、紫薇幼儿发展评估手册;宝宝知心书吧是根据生命教育的单元主题,由班级家委会、家长志愿者与教师共同研究,通过设置家园移动书吧,为所有班级的幼儿提供合适的读本,开展"阅读点亮童心,绽放多彩生命"的亲子阅读活动;亲子体验活动是指教师鼓励家长及幼儿共同参与设计、研究以及实施的各类促进亲子情感的、蕴含生命教育特色的园内及园外亲子体验活动。

亲子知心书吧——薇爱书香

　　当进入紫薇的第一天,我们就知道有"宝宝知心书吧"这个活动,当时我内心就非常激动和感动,因为通过书吧活动,培养的不仅仅是孩子的早期阅读兴趣,还是以阅读为媒介,培养亲子之间的情感,增加亲子间的互动。

我作为志愿者参与了班级"宝宝知心书吧"的筹划。我们为班级的"宝宝知心书吧"取了名字——"小草莓书吧",寓意是阅读和草莓一样甜。在和孩子一起阅读的过程中,孩子依偎在我的身边,用他那软萌的小手翻看图书,亮晶晶的眼睛全是阅读时的欣喜。在阅读的过程中,我学会了尊重孩子,给予他自主选择图书的权力,听他指着图片给我讲他眼中的故事,等着他眼睛亮闪闪地请我帮他讲述故事,感受着他的成长。

通过亲子共读,我们与孩子共同学习,一同成长。孩子在阅读中慢慢长大,家长也在阅读的过程中慢慢长大。"宝宝知心书吧"活动将阅读习惯渗透在孩子们的生命中,不是教条的灌输,而是润物细无声的滋养。阅读是无声的行走,走遍千山万水,走过高山峻岭,让幼儿感悟生命的美好。

(家长 言言妈妈)

亲子运动会有感

紫薇实验幼儿园的亲子体验活动给了家长一个与孩子亲密接触的机会,在与孩子一同参与丰富多彩的活动过程中,感悟生命教育的魅力。这一次,我有幸参与了幼儿园举办的亲子运动会。幼儿园的运动会和小学、中学、大学不同,只有幼儿园的运动会家长是要亲自参与的,因此,家长需要树立好榜样,为孩子养成运动的习惯奠定基础。

我记得张爱莲园长曾经说过:"能光着脚在草地上奔跑的孩子,才是最开心、最有生命力的孩子!"作为家长,我们可以从自己做起,做一个能运动、会玩的家长,为孩子树立好的榜样。

(家长 麦多爸爸)

4. 提升教师家庭教育指导的专业能力

家园深度合作是我园的一项特色工作,也是幼儿园发展的重要组成部分。教师是家园合作的实践者,家庭教育指导的专业能力也成为每个教师必须具备的素养。通过"三研一体"机制,从理论和实践两方面实现教研和科研一体化,进而提升教师家庭教育指导的专业能力。

在园本培训中,设置每月一次的家庭教育指导专题教研活动,不但要重视理论研究,还需要聚焦家庭教育中的实际问题。在教研活动中,通过案例分析、小品表演以及分组讨论等方式,让教师更为深入地了解家庭教育指导工作的具体问题,以提升家庭教育指导的能力以及综合素养。

表5-5　教师家庭教育指导专项培训主题

时间	培训主题	培训方式	培训成果	参与人员
2015学年	家园合作的意义	问题收集与解答	教师案例集	全体教师
	家长工作具体内涵解读	研究与讨论	完善家长工作制度	全体教师
2016学年	家长沙龙内涵解读	资料收集与分组讨论	完善家长沙龙主题	全体教师
	"宝宝知心书吧"的流程介绍	资料收集与分组讨论	完善"宝宝知心书吧"的基本流程	全体教师
	家长沙龙经验介绍	分享与讨论	沙龙成果展示	全体教师
	优秀知心书吧展示	分享与讨论	方案与反馈,整理成册	全体教师
2017学年	如何更好地进行家园沟通(一)	小品表演与集体讨论	案例收集	全体教师 培训基地教师
	如何更好地进行家园沟通(二)	案例分析	案例收集	全体教师 培训基地教师
2018学年	家庭教育和学校教育的不同	理论学习、研究、讨论	案例收集	全体教师 培训基地教师
2019学年	基于儿童立场的家园合作	问题收集与解答	制订方案、完善表格、设计亲子活动开放调查问卷	全体教师 培训基地教师
		年级组共同学习成尚荣的《儿童立场》		
		讨论:如何站在儿童立场,做好家园合作工作?		
2020学年	家庭教育指导案例交流	分享与交流讨论	案例收集	全体教师
		演绎案例、集体讨论		
2021学年	家园沟通应对策略之幼儿意外伤害事故的处理方法	案例交流	案例收集 经验总结	全体教师

　　我园对家园深度合作下教师专业标准进行了深入探讨,以"态度""知识"与"能力"作为三项专业要求,从"与家长沟通""开展家庭教育指导""引导家长参与幼儿园教育"和"提升自身专业素养"四个方面构建家园深度合作的教师专业标准。

表5-6　家园深度合作下教师专业标准四级指标(列举)

一级指标	二级指标	三级指标	四级指标
与家长沟通	态度	1. 对待幼儿和家长	(1) 热情亲近,不冷漠。 (2) 语言、行为尊重,无伤害性言行。 (3) 真诚相待,不虚伪敷衍。 (4) 相互平等,不居高临下。
		2. 对待沟通交流工作	(1) 认真负责,不随意、不敷衍。 (2) 坚持标准,不降低要求。 (3) 主动进行沟通,不被动等待。 (4) 全面兼顾,不顾此失彼。
		3. 对待家长的问题与困难	(1) 认真地去发现、掌握家长家庭教育中的问题与困难。 (2) 主动解决家长家庭教育中的问题。 (3) 积极帮助家长克服家庭教育中的困难。 (4) 鼓励家长正确面对问题和困难。
		4. 对待家长的意见和建议	(1) 认真耐心地倾听,理解、听懂意思。 (2) 分辨真伪得失,认识价值意义。 (3) 对建设性意见,虚心接受并改进。 (4) 对误解和偏见,耐心解释。
	知识	1. 沟通交流的目的	(1) 有关孩子、家长和幼儿园教育的信息互通有无。 (2) 沟通教育孩子的看法、期望和要求,促进相互了解。 (3) 了解家长特点、家庭教育问题和困惑,提升指导服务质量。 (4) 了解家庭教育资源和家长参与意愿,促进幼儿园教育。

（续表）

一级 指标	二级 指标	三级 指标	四级指标
与家长 沟通	知识	2. 沟通交流 的主要内容	（1）孩子在家、在园的表现，身心发展的水平和特点。 （2）家长的基本情况、家庭教育环境和对孩子进行教育的情况。 （3）幼儿园的教育要求、教育进度和对家长配合的期望。 （4）对孩子的发展、家庭教育和幼儿园教育的看法、意见、建议和合作教育措施。
		3. 沟通的方法	（1）个别面对面谈话。 （2）书信与联系册交流。 （3）电话、手机交谈。 （4）微信、QQ 平台交流。
		4. 沟通的品质	（1）及时沟通，形成习惯。 （2）过程顺畅，没有阻碍。 （3）内容真实，没有保留。 （4）关系融洽，没有隔阂。
	能力	1. 亲近家长 的能力	（1）察言观色，掌握家长特点和需要。 （2）沟通要有针对性，体现个性化。 （3）启发、引导家长，提供具体指导。 （4）缩短心理距离，获取家长的认可、信任。
		2. 发现问题 的能力	（1）发现孩子发展的水平、特点与存在的问题。 （2）发现家庭教育环境的特点与存在的问题。 （3）发现家长家庭教育的特点与存在问题。 （4）发现家长教育孩子过程中的实际困难。
		3. 分析原因 的能力	（1）分析幼儿发展问题背后的原因。 （2）分析家庭教育环境问题背后的原因。 （3）分析家庭教育问题背后的原因。 （4）分析家长教育孩子过程中出现困难背后的原因。
		4. 商议措施 的能力	（1）理解、体谅家长的看法和要求。 （2）准确表述自己的看法和意图。 （3）接纳合理的意见。 （4）取得共识，形成合作措施。

"小"老师，"大"孩子

2020年，我们遇到了前所未有的新冠肺炎疫情。特殊时期，家长不能入园，我们的老师就无法与他们当面沟通，这让原本缺乏与家长沟通经验的我更加有些手足无措，特别是班级里还有一位"特殊"的小朋友——小S。小S是我们班级里一名高功能孤独症幼儿，他在语言理解、语言表达、社会交往上远远落后于同龄人。庆幸的是，在特殊时期，有一群经验丰富的薇爱融合特殊教育团队的指导教师带领着我从小S的特点出发，利用现代信息科技，设计具有特色的个体化科学指导活动。

一、家园沟通，共助成长

每周，我都会与小S的妈妈进行线上沟通，了解小S最近在家的情况。小S妈妈反馈小S说话无眼神交流。我建议妈妈平常说话时，可以等小S转头看着成人时，再开口和他交谈。

二、同伴关心，互助友爱

通过视频连线的形式，组织孩子们主动与小S在线互动，帮助小S获得愉快的体验，消除疫情带来的心理焦虑。

三、抓住契机，及时表扬

小S很喜欢音乐，在家也爱弹钢琴，在学会了新曲子后，会在微信上激动地与我们分享。我们及时表扬了他坚持不懈获得的成功，同时也鼓励他将自己的新本领与练习的好办法展示分享给同伴们。

在"云陪伴"下，小S变得开朗自信了。疫无情，薇有爱，"云陪伴"，心连心。

（教师　刘飞）

（二）家园深度合作路径方法创新

1. 基于深度合作的幼儿家庭生命教育网络课程

随着互联网的普及以及生命教育家长指导课程的不断探索、研究和完善，我园的微信公众号平台形成了一整套完善的幼儿家庭生命教育课程内容，让家长可以更好地了解幼儿园的生命教育，同时也提升家长的家庭生命教育指导能力。

第一,关注常规的家庭教育指导内容。微信公众平台每天都有面向家长的指导内容,共有八个专栏,每个专栏主题明确,涉及保育教育、幼儿动态、与园长互动等幼儿园方方面面的内容,同时也有来自家长的投稿、孩子活动记录以及教育心得分享等内容。

表5-7 微信公众平台每日发布内容安排

微信常规版			疫情期间微信特别版	
日期	栏目名称	内容举例	栏目名称	内容举例
周一	薇爱小贴士	睡眠的重要性,你知道吗?	紫薇健康小贴士	疫情期间,守住体重
周二	薇爱游戏	蒙眼游戏	紫薇小课堂	制作动物书签
周三	薇爱画舫	欣赏梵高(Gogh)作品《房子与农夫的风景》	宅家也快乐	折纸小达人
周四	薇爱剪影	春风拂面,托班宝宝给三月的爱	紫薇老师防疫小贴士	观察天气
周五	薇爱快讯	听前辈讲故事,做当代好老师	紫薇老师讲故事	阅读绘本《Grace说恒心》
周六	薇爱书房	阅读绘本《蹦》	紫薇老师讲名画	欣赏高更(Gauguin)名画《黑猪》
			薇府食坊	制作曲奇饼干

第二,为疫情特制的生命教育指导内容。在疫情期间,我园响应"停课不停学"的号召,继续推进生命教育。工作重点转为对家长进行指导,如充分利用微信公众号平台,定期向家长推送符合幼儿年龄特点且与生命教育相关的家庭教育指导内容。

为疫情特制的生命教育家长指导课程内容分为三大部分。首先,青年教师录制亲子互动视频,包含亲子游戏和亲子绘本阅读两个方面,通过榜样示范,给予家长实际的操作指导。

表5-8 紫薇"宅家跟我玩"亲子游戏

年龄段	亲子游戏名称	年龄段	亲子游戏名称
小小班	垫子乐翻天	中班	花式玩气球
	好玩的球		纸杯找朋友
	大家一起来摘球		细菌逃跑啦
	宝贝爬爬		贴鼻子
小班	玩靠垫	大班	机器人大挑战
	小球滚滚		幼儿高尔夫

其次,教师专门录制"紫薇防疫小贴士"系列视频,通过朗朗上口的儿歌以及动作示范等,引导幼儿了解并掌握疫情期间保护自己的好方法。

表5-9 "紫薇防疫小贴士"系列视频

期数	视频名称	期数	视频名称
1	一起来学防疫歌	7	喝水小贴士
2	口罩歌	8	宅家也要保护小眼睛
3	口罩的正确使用方法	9	宅家如何应对新冠肺炎
4	如何正确摘口罩	10	如何正确打喷嚏
5	宅家也要勤洗手	11	防疫小贴士
6	跟我学做洗手操	12	宅家也要合理安排生活

第三,通过每个年龄段教研组研讨,教师录制分年龄、分领域的教学内容,家长通过教师的视频在家与幼儿进行各类活动。

表5-10 疫情期间生命教育家长指导网络推荐内容(大班)

时间	托班内容	小班内容	中班内容	大班内容
2020年3月2日	我是抗病毒小勇士	图形变变变	那个叫新型冠状病毒的坏家伙	魔法奶奶的电话

（续表）

时间	托班内容	小班内容	中班内容	大班内容
2020 年 3 月 3 日	雨滴变变变	想吃苹果的鼠小弟	鼻子的秘密	小乌鸦爱妈妈
2020 年 3 月 4 日	送给妈妈的礼物	两只小鸟	15 只老鼠的礼物	穿唐装的小老鼠
2020 年 3 月 5 日	神奇的花洒	小老鼠上灯台	我的好妈妈	我的情绪小怪兽
2020 年 3 月 6 日	快乐的小猪	站立的蛋宝宝	桃花朵朵开	新年鼠爬楼梯
2020 年 3 月 9 日	我爱妈妈	好饿的小蛇	让谁先吃好呢	我的沙漏
2020 年 3 月 10 日	我有一个好妈妈	袜子一双双	小动物电影院	会吸水的蜡烛
2020 年 3 月 11 日	我帮妈妈晾衣服	豆豆成长记	彩虹变形记	沉与浮
2020 年 3 月 12 日	叠叠高	越开越大的花	春天的树	神奇的彩虹
2020 年 3 月 13 日	海洋球救援队	莱尼喜欢蓝色	爱我你就抱抱我	旋转下落的小花
2020 年 3 月 16 日	小脚丫运球	各种各样的车	小青蛙	鼠年扑克王
2020 年 3 月 17 日	找朋友	斑斑的生日会	颠倒歌	宅在家的"小怪兽"，今天是什么颜色
2020 年 3 月 18 日	给妈妈做的项链	小火车	小乌龟开店	池塘的小鱼
2020 年 3 月 19 日	红绿灯	小刺猬	森林舞会	春晓
2020 年 3 月 20 日	大口袋	水中开花	有趣的鸡蛋	神奇的瓶盖

（续表）

时间	托班内容	小班内容	中班内容	大班内容
2020 年 3 月 23 日	穿裤子	打电话	小马蹬蹬	大脚丫跳芭蕾
2020 年 3 月 24 日	小手变变变	蛋壳不倒翁	动物园里	凑十游戏
2020 年 3 月 25 日	小小发型师	洒水车	春雨沙沙	桃花朵朵开
2020 年 3 月 26 日	彩色海洋球	好喝的汤	小恐龙	小鱼的梦
2020 年 3 月 31 日	我会穿衣服	打败病毒,加油	彩虹牛奶	神奇的水带

（三）家园深度合作品牌项目打造

1. "薇府食坊"系列微视频

饮食与健康是幼儿生命教育中不可或缺的一环,是多彩生命教育课程中非常重要的一部分。教师们总是会遇到家长问"吃什么""怎么做"和"怎么吃"等问题。在思考这些问题时,我园将一直研究的传统文化二十四节气融合进食育课程,形成了独具特色的"薇府食坊"系列课程,以"二十四节气吃什么好"为话题,给幼儿饮食制作提供新思路和新方法,让幼儿吃得放心,吃出健康。

"薇府食坊"的创新点主要体现以下几方面:

第一,将中华传统文化与幼儿食育相结合,突破图文展示的传统呈现方式,以微信公众平台为载体,用生动、有趣、高品质的短视频拓展知识体系,呈现高互动性、沉浸式体验的生命教育课程内容。

第二,每一个节气的幼儿食谱都以幼儿园多年来食育研究经验为基础,将传统文化理念与现代生活方式相结合,由营养师、厨师、教师、家长以及育儿专家共同制订。这些食谱不仅体现了营养价值,还注重色、香、味的搭配,以激发幼儿的食欲。

第三,幼儿一同参与制作一道美味,再将用自己的双手做出来的食物分享给爸爸妈妈品尝,这个过程真实地展现出属于他们的健康、自信、友爱与感恩。

第四,请教师亲身参与制作一道菜。"薇府食坊"微视频的拍摄制作看似简单,实则繁复,对后厨食材的准备、预处理、烹饪效果、品尝体验等有着较高的要求。在园长的带领下,从切配到掌勺,教师们亲身参与制作一道菜,展现出教师及后勤保障人员的素养和风采。

第五,请家长亲身参与制作一道菜。自"薇府食坊"开播以来,许多家长都成为"薇府食坊"的忠实粉丝,他们如追剧一般期待每一期新食谱的推出。在周末陪伴幼儿一起动手的父母越来越多了,还有不少父母通过图文、视频的方式记录下与幼儿一同烹饪的美好时光,分享给教师。家园互动,才能达到"1+1>2"的效果。"薇府食坊"让家园关系更亲近、更自然。

表 5-11 "薇府食坊"具体内容

节气	节气内容
小暑	鸭肉水晶冬瓜球汤
大暑	番茄碗蒸肉
立秋	糖醋藕夹
处暑	水果年轮卷
白露	鸭子清鸡汤
秋分	桂圆莲子羹
寒露	菱角虾球
霜降	石锅芡实银鳕鱼
立冬	金钱土豆饼
小雪	老上海油墩子
大雪	参鸽汤

（续表）

节气	节气内容
冬至	缤纷饺子
小寒	上海菜饭
大寒	全家福
立春	团团圆圆
雨水	胖头鱼汤
惊蛰	马兰头石榴包
春分	草莓酸奶杯
清明	金钩韭黄绿草地
谷雨	枸杞藤鸡肝汤
立夏	咸蛋黄芦笋
小满	芦彩缤纷
芒种	龙凤呈祥
夏至	养心小排汤

薇府食坊——拷贝不走样，我们更走心

饮食与健康是幼儿生命教育中不可或缺的一环，也是多彩生命教育课程中非常重要的一部分。

看过了几期"薇府食坊"之后，我成为了它的忠实粉丝。我会和孩子一起观看、学习"薇府食坊"美食，和孩子一起下厨房的过程中，真正地挖掘了幼儿的内在生命力，激发出自我学习的潜能。比如，在制作水果年轮卷的双色面团的过程中，"妈妈负责白面团，宝宝负责紫面团"，这是佳期自己的主意，她从中学到了合理分工和团结合作；她还通过全程的亲身操作，锻炼了手指肌肉和精细动作，提升了专注力和自信心。此外，我会要求她制作前洗手，制作

完后清理桌子,分类投放干湿垃圾,这些基本家务有利于秩序感、责任感的建立。

从美食入手,让家长和幼儿在制作美食、品尝美食的过程中,探索自然奥秘、四季变化、民俗风情,这不仅简单易懂,还完全符合幼儿的身心特点和认知规律,体现了紫薇实验幼儿园的生命教育是真正基于儿童生活世界的教育。

(家长　佳期妈妈)

2.“紫薇十二时辰”家长活动

家园深度合作建立在彼此了解、相互理解的基础上。秉持开门办园的宗旨,邀请家长来园参观,充分发挥家长监督机制,能促进家园深度合作,提高办学质量。家长可以观察教职工的日常工作状态、幼儿的一日保教活动、幼儿的营养膳食、幼儿园的环境创设以及安全设施,进而为生命教育的落实和幼儿的健康发展出谋划策。“紫薇十二时辰”活动让家长更加了解生命教育的理念,更加理解教师一日活动中的教育行为。

紫薇十二时辰

作为家园合作特色校,紫薇实验幼儿园一直在研究思考如何在当今的时代背景下进行家园深度合作,与家长携手共进,促进幼儿发展。“紫薇十二时辰”活动的开展真正体现了家园深度合作。

当我通过幼儿园的微信公众号知道了“紫薇十二时辰”这样一个邀请家长走进幼儿园,了解孩子在园的衣食住行,并提出建设性意见的活动后,我立刻报名参加。在活动中,我被一个个细节所感动,被紫薇实验幼儿园的教育理念所震撼。比如,取用点心时,小班的孩子由阿姨准备好餐食;中班的孩子通过设置的提示牌,自己取用点心,不仅可以锻炼精细动作,还可以在潜移默化中培养进餐礼仪;到了大班,孩子们需要自我服务,自己准备餐食。生命教育真正体现了“生活即教育、教育即生活”的理念。

真心感谢“紫薇十二时辰”,让我从一个静静观赏的旁观者,变成了一个参与其中的伙伴。幼儿园老师们各司其职,以精湛的专业水平奏响“紫薇十二时辰”华美动人的乐曲,滋润每个孩子的成长,走进每个家长的内心……

(家长　宁宁妈妈)

三、家园深度合作的运行机制

（一）组织保障机制

为了顺利保障家园深度合作,整体推进幼儿生命教育研究和实践,2017 年,我园调整布局,组建相对独立的家园部和研发部,落实部门职责和管理团队。针对多园所办学的实际情况,不但建立了统一的核心管理团队,还在各园所建立了执行团队,确保管理的层级畅通和灵活高效,从而为家园深度合作的推进提供了有效的组织保障。

（二）"三会、二群、一册"生态化深度合作机制

我园一直在探索幼儿园治理的科学途径。迄今为止,家园合作管理机制不断完善,已建立了"家长主动分享教育资源的工作条例"(涉及家长进课堂、家长教育志愿者、家长安全志愿者等工作),"幼儿园家庭教育专题指导工作条例"(涉及家长讲座、家长会、家委会等工作),"紫薇家长沙龙组织条例"(涉及班级家长沙龙、视频家长沙龙等),"家长家庭教育反馈评价条例"(涉及家长开放活动、家长论坛、家长调查问卷等)等 30 余项工作制度。其中,"三会、二群、一册"生态化深度合作机制具有代表性。

1."三会"

一是战略智委会。是由历届毕业生的家长代表(教育专家、资深媒体人、法律顾问、企业人士、IT 专家等)组成的顶层设计团队,参与幼儿园发展规划、课程研发、教育科研等工作。

二是园级家委会。秉承自愿、公平、公开的方式,竞选产生家委会。每学期,班级以公开竞聘的方式选出园级家委会成员。园级家委会设有保教部、科研部、保障部、园务部、家园部五大部门。

三是班级家委会。班级家委会是家园合作中最核心的团队,协助园级家委会,主动积极并规范地开展班级工作,促进家园共育。

图 5-3　家园深度合作纳入园所管理框架

2."二群"

一是互联社群。通过积极构建社群,形成以分享为核心、以成长为目的、人人可交互的互联社群,鼓励家长因时、因地、因需地加入多个社群,满足家长的个性化需求。

二是生态社群。家庭、幼儿园与社区围绕幼儿教育的需求聚合而成协同育人群体,因时、因地、因需地为幼儿的协同教育形成伙伴关系,实现互动联合。

3."一册"

"一册"是指《家园合作指导手册》。该手册是幼儿园与家庭沟通、分享和合作的桥梁。家长通过手册能全方位地了解家园合作的意义和途径,了解各项家园合作的具体内容和职责。幼儿园通过家长护照的形式,对家长参与幼儿园教育的情况进行记录和统计。

(三)"三研一体"大教研机制

家园深度合作工作"三研一体"大教研机制中的"三研"指的是教研、科研、导研,"一体"指的是生命教育,其中的导研主要聚焦家庭生命教育指导研究。教研、科研、导研各有侧重,互相促进,共同指向以生命教育素养为核心的教师专业成长。

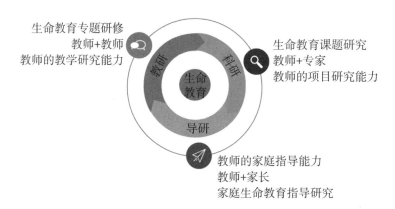

生命教育专题研修
教师+教师
教师的教学研究能力

生命教育课题研究
教师+专家
教师的项目研究能力

教研　科研　生命教育　导研

教师的家庭指导能力
教师+家长
家庭生命教育指导研究

图 5-4　"三研一体"与家园深度合作的融合

　　教师们日益深刻地体悟到,"幼儿园与家庭教育""教师与家庭教育""家长与家长间的家庭教育沟通""家长对幼儿的家庭教育指导"等都是幼儿教育的重要组成部分。家庭教育指导工作的机制建设有利于保障这些教育过程的有效实施,真正实现育人的全过程。未来,我园将进一步进行思考、设计,让"深度"成为未来生命教育的重要生长点。

　　第一,现代化信息技术触发"深度合作"模式拓展。教育现代化信息技术发展带来了前所未有的教育变革,教育大数据平台建设、家园互动 App 平台建设、幼儿园微信公众号平台的持续更新让家园合作有了更大、更广的深化空间。年轻家长现代化教育理念的更新、信息技术的高接受度、对学前教育的参与热情,这些都是目前幼儿园家园合作面临的挑战和机遇。我园将持续不断地深化现代化技术支持下的生命教育家园合作研究与实践。

　　第二,基于幼儿成长过程,场域由平面向立体衍射。生命教育不仅是幼儿横向生活场域的全覆盖,未来,我们将进一步关注生命教育对幼儿纵向成长空间的立体衍射。这种伴随幼儿成长过程的生命教育才是我园生命教育启蒙为何要关注家庭、园所、社区全主体参与的初衷。当儿童的生命健康以及尊重儿童成长规律成为家长、社会的共识时,生命教育才能打造出真正惠及儿童和社会的教育生态。横向打通全场域,纵向衍射全过程,是家园深度合作未来努力的方向。

第六章

幼儿生命教育之品——成效与展望

"品",一般指事物的品相、品质,也指事物最深刻的内涵给人带来的品位。一路走来,我园的幼儿生命教育是否实现了自己一直坚定的目标?有哪些值得反思和总结的经验?在全书的最后一章,我们来谈谈生命教育之品,探究这种品质在促进幼儿健康全面成长和教师、家长共同发展上的体现。

放眼未来发展,我园将围绕婴幼儿生命教育研究和实践这一主轴,在幼儿生命启蒙德育和家园深度合作两个方面继续探索。我们期望,这种探索能够不断提升幼儿生命教育的品质,实现"生命之树,满庭芳华"的高品质幼儿园的美好愿景。

一、幼儿生命教育的品质彰显

在大教育观的引领下,整体性推进的幼儿生命教育已经带来显著的育人效应,促进了幼儿、教师和家长多主体共同成长,生命教育的品质逐渐彰显。

(一) 生命教育成效显著

1. 多彩儿童全面发展

幼儿健康发展态势良好,根据保健室每年汇总的数据可见,营养不良比例逐年下降;法定传染病发生率连续走低;肥胖、体弱等特殊幼儿的干预有效果;每年有半数以上的幼儿身高、体重双达标。幼儿自我与社会性发展水平优势明显,十年来参与生命教育实践活动近6万人次;幼儿语言与交流水平持续提升,仅参与"哈哈少儿"频道,"潮童天下"节目的幼儿就达300余人;幼儿乐于探究,认知水平良好,在市、区各级科技竞赛中均表现突出;幼儿对艺术有较高的感受力和强烈的兴趣。在2020年的示范园评审中,专家这样评价我园的幼儿:紫薇的孩子健康阳光,出勤率特别高;热情开放,知识面广;愿意参与运动,表现出一定的运动能力;能投入地探索环境,并且积极地进行表达。

我园以培养"健康、友爱、自信、达雅"多彩儿童为目标,教师们为了这一目标不断地努力着、收获着。

爱让我们走得更远

走进紫薇实验幼儿园,首先进入大家视线的是一个大大的"爱"字。幼儿园从幼儿生命健康成长的需求出发,实施多彩生命教育,旨在让孩子们更好地理解生命的意义,学会珍爱、尊重、保护自己的生命。在这样一个充满爱的大家庭中,我们的孩子热情洋溢、乐于探索、活泼开朗……对他们来说,童年是幸福的。

一、认识自己、爱护自己

通过多彩生命教育课程,孩子对自己的出生、成长过程拥有了一个完整的认知和了解,知道妈妈孕育生命的不容易,学会感恩身边的人。另外,我们通过丰富的活动和游戏开展安全教育,让幼儿掌握生存技能。例如,晨检中,幼儿自我检查是否带了危险物品入园;疫情期间,主动测量体温,戴好口罩,勤洗手;户外活动中,自我查看玩具的安全性,自己控制运动量,及时补充水分以及休息。同时,我们还根据节日,有针对性地开展安全教育,如进行消防演练,请消防员叔叔进校园,讲解消防故事,让幼儿知道消防车的用途。孩子们在实践体验中习得了有关防火防电、交通法规、自我保护等安全知识。通过这类活动的开展,孩子们懂得在户外活动中自己感知活动量的多少,运动后自己喝水,热时脱衣服,冷了就把衣服穿上;懂得要关心自己的身高、体重、视力,关心自己的心情;懂得如何更好地照顾和保护自己。

二、关爱父母、关心同伴

对于父母和家人,孩子们知道好吃的东西要共同分享,家人生病时要学会端茶、倒水,并通过《孔融让梨》《司马光砸缸》等故事,学着互相谦让和乐于助人。

在同伴交往中,孩子们体验并认识到人与人之间相互关爱与协作的重要性,懂得与人交往需要热情的态度、得体的语言、正确的方式。

孩子们在多彩生命教育的课程中,逐渐掌握各项知识,拥有健康的体魄。"多彩生命,幸福启航",让爱走得更远,让爱成为孩子们终身受用的财富。

(教师　陈晓艳)

我眼中的紫薇娃娃

当婴儿呱呱落地来到这个世界,第一个踏上的小社会就是幼儿园。我作为一名保健老师,不但是幼儿健康的守护者,更是幼儿三年蜕变成长的见证者。紫薇实验幼儿园的理念是培养健康、自信、友爱、达雅的幼儿,这些都在我们紫薇娃娃身上得到了很好的体现。

我曾经遇到过一个名叫馨馨的女孩。馨馨是家里的"小公主",像放书包、换鞋子这些事情都需要保育员的帮助。我们认为,馨馨其实是有能力做好的,只是家长把所有的事全部都包办了。于是,保育员教馨馨学会如何规范地放书包,如何把换下的鞋子摆放到自己的柜子里,如何把衣服挂到衣架上。同时,我们经常让她做小老师,指导帮助其他小朋友做好来园的事。慢慢地,馨馨从娇滴滴的"小公主"变成了能干的小宝贝。有一次,我在巡视过程中看到馨馨拉拉链的时候遇到了困难,我马上想上去帮忙,没想到馨馨自信地对我说:"我可以自己拉,自己的事情自己做,老师都教过我怎么做。"她不但解开了拉链,脱下了外套,而且还很有序地将外套摆放好。这让我喜出望外,"小公主"馨馨变了。

由于幼儿园对食品安全非常重视,每天都有园长陪餐的环节。这是孩子们一天中非常期待的时刻,因为他们都想邀请园长爱莲妈妈来自己班级与他们共进午餐。班级里的值日生早早地洗好双手,穿上小制服,邀请爱莲妈妈进教室。孩子们就像一个个小主人,每个人都拉着爱莲妈妈说今天的菜有些什么,介绍自己最喜欢吃的菜,问问爱莲妈妈自己有没有挑食的坏习惯。孩子们和爱莲妈妈约定一起执行光盘行动,一起把餐盘有序地摆放好,一起漱口擦嘴,饭后一起散步。

(保健老师 徐珍珠)

在市级课题"基于儿童生活世界的幼儿生命教育课程构建与实践"的研究过程中,我们设计了调查问卷《幼儿园家庭生命教育的调查》,以紫薇实验幼儿园与同区其他两所幼儿园的家长为调查对象,分别在 2010 年、2013 年、2016 年针对生命教育的效果进行了跟踪调查。调查结果显示,我园生命教育成效显著。以下以 2016 年的调查结果为例。

2016 年 6 月,在开展近三学年生命教育后,再次对三所幼儿园(紫薇和同区同地段两所姐妹园)全体在园幼儿的家长进行生命教育效果调查。调查数据表明,我园幼儿在"认识生命""热爱生命""尊重生命"和"保护生命"各维度的均值都大于姐妹幼儿园的幼儿,并具有显著性差异。可以认为,经过三年生命教育的实践,我园幼儿对待生命的态度和行为表现的平均水平高于姐妹幼儿园的幼儿。[1]

---

① 数据摘自调查报告《幼儿生命教育目标达成度的变化——来自徐汇区紫薇实验幼儿园的报告》,此报告获 2017 年上海市中小学幼儿园调查研究方法成果评审二等奖。

表6-1　生命教育效果调查

项目	幼儿园	样本量	均值	标准差	P 值
认识生命	紫薇实验幼儿园	566	52.49	5.70	<0.001
	姐妹幼儿园	329	49.82	6.92	
热爱生命	紫薇实验幼儿园	563	55.61	4.37	<0.001
	姐妹幼儿园	328	53.65	5.52	
尊重生命	紫薇实验幼儿园	566	52.27	5.42	<0.001
	姐妹幼儿园	327	50.56	6.49	
保护生命	紫薇实验幼儿园	566	35.85	3.61	<0.001
	姐妹幼儿园	329	34.62	4.49	
对待生命	紫薇实验幼儿园	563	196.24	16.28	<0.001
	姐妹幼儿园	326	188.63	20.47	

　　周边学校对我园幼儿的性格、行为和学习行为反映良好,而家长们说起自己孩子在紫薇实验幼儿园的成长,总是满怀幸福,心怀感恩。

我眼中的紫薇孩子,让生命静待花开

　　紫薇的生命教育如春风化雨一般滋润着孩子的成长,孩子每天开开心心地上学,放学回家的时候,总会带给我们一些小小的惊喜。比如,一起出门的时候,孩子会帮你拉住单元楼的大门,让你先进去;节日的时候,会把幼儿园发的小点心放在包里带回来,分给妈妈吃;外婆做了他爱吃的食物,他会走到厨房对外婆说:"谢谢您做了这么美味的食物给我吃。"而他对世界的善意,对小动物的喜爱,也在生命教育的推进中,逐步形成和建立。家里养了一只猫,为了训练小猫如厕的习惯,有一次,我把小猫捉到它随意尿尿的地方,佯装要打小猫的屁股,孩子很认真地对我说:"不要打它,要爱它,好好跟它说。"这让我反思,孩子在某些方面已经走到了我的前面,这就是生命教育的价值所在。

　　我的孩子并没有在幼儿园学到 20 以内的加减法,几千个常用字或者是成百上千的英文单词,但他对新生事物充满了兴趣,对身边的人总是能用宽容的态度去面对,对自己不喜欢的事情试着去了解和换位思考,我觉得,这就是三年生命教育给我带来的珍贵收获。

(家长　廷廷妈妈)

从日常闪光处发现教育

自从笃笃进入紫薇实验幼儿园后,我看到他的一些日常细微变化。初入幼儿园,笃笃像大部分的小朋友一样,都有过哭闹,表现出分离焦虑。但很快,他开始适应了,因为幼儿园里不仅有好玩的滑梯和玩具,老师还会每天教新本领。记得某天降温,笃笃很担心教室里的小金鱼是不是会生病,结果他惊喜地发现,陆老师已经想办法拯救了金鱼。那个瞬间,我看到一个真正为生命悲喜的孩子,即使那是一条小小的金鱼。笃笃还通过幼儿园的安全教育,健康教育,学会了许多安全知识和自我保护的方法,孩子回到家会告诉我们"安全最重要""交通规则要遵守""我会保护我自己的"之类的话。有时候,新本领一时半会儿学不好,如穿衣服、拉拉链,孩子会自言自语"永远都不要放弃",听了后,让人忍俊不禁,但又赞叹不已!原来生命教育不是一个空洞的概念,而是渗透在孩子们的生活中。

走过一年疫情的当下,生命教育更加重要,让我们一起感受生命的珍贵,一起在日常闪光处发现教育的机会。

（家长　笃笃妈妈）

从廷廷妈妈分享的案例小故事中可以看出,幼儿在生命教育的浸润下,虽然没有学习过多的知识性内容,却学会了感恩,学会了爱。同样,在笃笃妈妈的眼中,幼儿通过生命教育浸润,了解了什么是生命,并且学着保护和尊重生命,这就是生命教育的价值所在。

2.教师专业素养提升

全体教职工参与生命教育实践研究,专业素养整体提升,所有教师有研究成果。获得全国、上海市及区级各类奖项 106 人次,如全国五一巾帼标兵 1 人、上海市科研先进个人 1 人、上海市中青年教师教学评比一等奖和三等奖各 1 人、徐汇区教育教学奖三连冠 5 人等;6 位教师走上姐妹园的园长岗位;14 项个人课题获市级或区级的课题立项;张爱莲园长因生命教育实践成果荣获第三届"明远教育奖"称号。

在市级课题"基于儿童生活世界的幼儿生命教育课程构建与实践"结题阶段,为了了解生命教育对我园教师产生的积极影响,我园编制了《幼儿园教师生命教育专业成长自评问卷》,组织本园参与生命教育的在岗教师进行问卷调查,并对调查数据进行统计分析。研究结果表明,教师在开展幼儿生命教育和家庭生命教育指导的过程中,自身的专业水准得到很大提升。该结果证实生命教育的实践过程是促进教师专业化的主要途径。

例如,孔繁珺老师作为新教师进入紫薇后,一直在学习、研究和践行着幼儿生命教育,逐渐从懵懵懂懂、一无所知的新手教师发展成为在与幼儿的互动中领悟到生命教育真谛的成熟教师。

我帮你揉一揉

依然记得,刚从大学毕业的我一踏入紫薇实验幼儿园,被问得最多的问题就是:什么是生命教育? 当时的我以为生命教育大概就是关于生死的教育,可是在学习理念并不断实践的过程中,我渐渐明白,生命教育不仅仅是关于生死的教育,还包含了太多的教育内容,如爱的教育。

爱是什么? 爱是清泉,浇灌朵朵鲜花;爱是鲜花,散发阵阵清香。曾经有一位教育家说过:"教育如果没有爱,就如同池塘没有水一样。"我想作为教师,更多的是用以身作则的方式去感染幼儿,让幼儿在耳濡目染的氛围下,学会如何去表达爱和传递爱。

我们班的琳琳是一名相对特殊的孩子,在与琳琳妈妈的前期沟通中,我们得知:琳琳在出生的时候,由于意外呛到羊水,导致琳琳的大脑发育有些迟缓。得知这一情况后,我们一直对琳琳的各方面发展特别关注。在观察一段时间后发现,琳琳的语言、认知等能力的发展都比同龄孩子慢,表现最明显的是她的身体协调性很弱,走路会时不时地撞到东西或者摔倒,身上经常青一块紫一块。为了避免琳琳受伤,我们一直牵着她的手。

可是在幼儿园的一日活动中,琳琳还是需要自己独立去做一些事情。这天,琳琳去拿玩具的时候又摔倒了,我马上扶起琳琳让她坐下,询问:"摔到哪儿了? 哪里疼?"琳琳指了指膝盖说:"这里疼。"我检查了琳琳的膝盖,发现有些红了,"琳琳不怕,我帮你揉一揉吧。"琳琳点了点头。我一边揉着琳琳的膝盖一边安慰琳琳。此时,其他孩子也纷纷过来,问道:"琳琳怎么啦? 受伤了吗?"看到孩子对同伴的关心,我心里很欣慰,对孩子们说道:"琳琳是我们班最小的小妹妹,以后帮助老师一起照顾琳琳好吗?"孩子们纷纷说好,有的孩子甚至学起了我的动作,帮琳琳揉起了膝盖。自此之后,孩子们也会时不时地关心琳琳,有时会主动牵起琳琳的手一起走路,而这时的琳琳会笑得很开心。

直到有一天的自由活动,孩子们都在玩自己的玩具,当我起身想要加入孩子的游戏时,突然被前面的小椅子撞到了小腿,一瞬间的疼痛让我忍不住轻轻地发出了"嘶"的声音,之后我坐了下来想缓一缓。这时,一只小手伸了过来,在我的小腿上慢慢地揉着,还轻轻地说道:"老师,不疼,琳琳帮你揉一揉。"我抬眼一看,是琳琳,那个平时一直需要我们照顾着的琳琳。此时的我完全忘记了疼痛,惊喜又感动。"谢谢你,琳琳,在你的帮助下,老师不疼了。"我一边说着一边给了琳琳一个大大的拥抱。看到琳琳的变化,我慢慢懂得,没有人天生就会去爱别人,爱也不是用言语来教会的,孩子只有在爱的滋润下,体会到被爱,才会慢慢学会用自己的方式去表达、去爱别人。

雨果(Hugo)曾说过:"人生是花,而爱是花蜜。"作为一名幼儿园教师的我渐渐明白一个道理,你赋予孩子的爱,都能从孩子身上得到反馈。爱是教师与幼儿之间的心灵纽带,是教育最好的基础,更是培养幼儿健康个性发展的养料。每个孩子都是一株美丽的花,只有用爱的泉水去浇灌,这株花才能绽放得灿烂夺目。

(教师　孔繁珺)

在生命教育整体性推进过程中,保健老师、保育员也全面参与课程建设,成为生命教育重要的支持者。保健老师进课堂,将专业的知识传递给幼儿,在丰富生命教育课程资源的同时,也促进了保健老师自身专业素养和能力的提升。

保健老师进课堂

作为一名幼儿园保健老师,我每天都要和孩子打交道,除了利用专业知识管理好幼儿的身心健康外,把健康与安全知识通过他们能接受的方式"输送"给他们,也成为保健老师必须学会的新技能。和孩子们接触这么多年,令我印象最深刻的还是第一次"保健老师进课堂"。

第一次进课堂前,我内心是有些忐忑的,没有太多幼教经验的我如何把控住课堂的气氛?孩子的提问正好是我的知识盲区怎么办?带着一系列的问题,我请教了班级老师和教研组长,在她们的帮助下,我学习了幼儿的年龄特点,并进一步明确了生命教育的内涵。理念有了,可是将之转化为一次教育行为并不容易,我利用下班时间反复研磨活动方案。

经过精心准备,当天我信心满满地比规定时间早了十分钟进班级,激动地跟孩子们培养起感情来。孩子们的热情超乎想象,争先恐后地跟我打招呼,还有无数热情的拥抱,浑身就像被棉花糖包裹着,说不出的甜蜜。进入角色的我拿出了听诊器、小镜子、简易放大镜,孩子们立刻对探索自己的五官充满了兴趣。最后,我带来了一段自己拍摄的小视频,让孩子们在观看视频中学会保护好自己的五官。临走时,我跟孩子们道谢,感谢他们一整节课的贴心配合;孩子们也跟我道谢,感谢我的分享,让她们学会了如何保护自己的五官。

感谢第一次"保健老师进课堂"带给我的难忘体验,这份特殊的感动和感悟将一直伴随着我的职业生涯。

（保健老师　沈英杰）

3. 家长伴随共同成长

作为生命教育的实践主体,家长也是生命教育直接的受益者。将 2013 级幼儿入园时家庭生命教育的水平与接受三年家庭生命教育指导后的水平进行比较可以发现,幼儿家庭的生命教育水平均得到明显提高。通过访谈和观察也发现,家长生命教育的意识和能力均有增强和提升。据统计,生命教育开展以来,家长进课堂 700 余人次,4000 余位家长参与生命教育讲座,撰写体会心得800 篇和表扬信 100 余封。

我伴随植物角一起成长

植物角是幼儿园中非常重要的区域,它凝聚了家长、老师和孩子们的热情和精力,不仅具有美化环境的作用,同时还蕴涵着很大的教育价值。

因为学生物专业的缘故,我被孩子们推选为植物角的家长志愿者,与孩子们一起参与植物角的种植和维护,协助孩子们一起施肥、除虫、浇水等。在每次互动过程中,我都能感受到孩子们对了解植物生长过程的渴望。在一些季节性植物凋零的时候,我也同样能感受到孩子对植物凋零的忧愁和忧伤。

我在与孩子们共同管理植物角的过程中发现,孩子们在对幼小生命的照顾和呵护中培养了责任意识和任务意识。这些非智力因素的培养,对孩子的终身成长更具有价值。

当植物角进入收获的季节,孩子们可以通过看、摸、尝、嗅等感觉通道获得很多新的经验和感受。可以看出,孩子们的喜悦溢于言表。

幼儿园通过植物角的设置，不仅培养了孩子们的观察力、坚持性、责任心，也让我体验到了和孩子们一起劳动并享受成果的快乐。

（家长　泓宇爸爸）

家长参与生命教育的途径有很多，可以报名"紫薇十二时辰"，深度了解教师们每天与孩子的互动情况，可以参加亲子活动，感受生命教育课程；可以成为志愿者，走进班级，跟幼儿打成一片……泓宇爸爸就是这样一位志愿者家长，在陪伴幼儿打理和照顾植物角的过程中，感受着生命教育对幼儿的价值，也逐渐体悟到生命成长的真谛。

4. 办园特色和水平双提升

对生命教育多年的探索、实验与创新，我园慢慢积淀下一些经验做法，这些成为幼儿园能够发挥示范辐射作用的内核。

（1）聚焦办园特色

从生命教育的课程建设到整体实践，我园打造了自己的办园特色，成果先后获得国家级和上海市级的各类奖项。以往的经验不但对幼儿园生命教育实践具有重要的借鉴价值，而且对形成幼儿园办学特色具有重要的借鉴意义。生命教育的具体经验如下：

一是在整体设计上，从三个层面综合解决问题：从理念上予以引领，以大教育观指导幼儿生命教育实践；从理论上寻找支撑，通过各级课题研究引领实践导向；从实践上系统推进，构建管理、保教、环境创设的整体实践机制。

二是在实践创新上，创建了不同年龄段、具有广泛实践效应的幼儿生命教育课程体系，注重凸显立体化、生活化、生态化的课程特色，克服了幼儿生命教育内容碎片化的不足，并从管理制度、机构重组、空间布局、形象标识、师资发展等各维度整体推进生命教育实践。

（2）幼儿园管理创新

幼儿园管理的特殊性在于，它不仅是管理活动，而且是教育活动，是管理过程和教育过程的统一。基于这一认识，在以往幼儿园管理的实践、反思、研讨基础上，我园创造性地打造了"151"管理育人模式。其推广价值在于：

一是对管理即育人的认识。没有科学理念指导的教育和管理，不但不可能实现创新，甚至会违背育人规律，偏离育人方向。在管理中，紫薇始终以大教育观为指导思想，确保管理的正确方向。

二是管理活动和教育活动的统一。管理活动不是独立于教育教学之外的，而是与生命教育办园特色深度融合的。在实施路径上，构建了"主体交互、过程相通"的管理机制，从整体上保障了幼儿生命教育的有效推进。

（3）研究驱动发展

以"三研一体"模式为特征的研究活动，不但为特色幼儿园发展提供了驱动力和支撑力，而且推动了全体教师的发展。以研究驱动发展，提供了鲜活的经验：

一是遵循"三个结合"原则，即理论与实践研究相结合，定量与定性研究相结合，内部与外部力量相结合。

二是秉持"五个统一"理念，即课题研究过程与促进幼儿健康成长过程、提升教师专业素养过程、提高家庭教育能力过程、形成园所课程特色过程、增强示范辐射能力过程的统一。

三是设计"一体两翼"三年规划的思路框架，推动幼儿园发展变革行稳致远。

四是实行"三重转化"策略。注重研究成果的转化，并逐渐摸索出课程转化、项目转化和制度转化的"三重转化"策略。例如，将"基于儿童生活世界的幼儿生命教育课程体系建构与实施"的研究成果，从目标、内容、序列、实施等方面，转化为以立体化、生活化、生态化为特色的3—6岁多彩生命教育课程体系；将"中华优秀传统文化教育与生命教育融合路径研究"的研究成果，转化为连接生命与生活、节庆文化和饮食文化的"薇府食坊"生命教育主题项目。

（二）生命教育辐射引领

1. 全方位带动托管幼儿园内涵品质的提升

为了提高整体办园水平，缩小园际差距，从2010年开始，受徐汇区教育局委派，我园陆续接受委托管理徐汇区樱花幼儿园、徐汇区长海幼儿园、徐汇区桂平幼儿园，将紫薇实验幼儿园的价值理念、管理模式、园本课程、园所文化、队伍建设、家教指导等特色融合进这三所幼儿园中。

委托管理过程中，我们充分发挥优势，将有特色、有亮点的教研活动向这三个园所同时开放；开展四个园所看课、评课活动，实现跨园所看课、评课联动；推进四个园所师资共享，将四个园所的师资培训需求整合起来，组织四个园所教师走出去。通过委托管理,这三所幼儿园均获得快速发展,成为社区中的优质幼儿园,为办好老百姓家门口的幼儿园作出了重要贡献。

2. 教科研成果多途径、全方位进行辐射

我园的探索与实践成果,对周边幼儿园、长三角乃至全国同行具有积极的启示和辐射作用,并产生示范效应。

（1）生命教育的教学成果和科研成果向全市、全国推广

"基于儿童生活世界的幼儿多彩生命教育实践研究"成果向全市推广;《基础教育科研优秀成果持续发展案例选粹——推广、转化与深化的联动与整合,以持续生长为指向》中收录了我园的研究成果《家园联动,共建生态文明教育学校——上海市紫薇实验幼儿园生态文明教育纪实》;《创生:上海课改 30 年区校实践成果荟萃》中收录了我园的研究成果《幼儿生命教育课程的整体性构建与实施》。

（2）以观摩、指导、带教、结对等多种方式辐射全国

以报告、展示、带教、报道、学术节和出版发表等多种形式推广研究成果,产生区域性、全国性影响。例如,我园带教 8 名上海市金山区后备干部,其中 2 名教师成为上海市优秀青年教师后备人才;跟岗式带教安徽省界首市 10 所幼儿园园长和骨干教师 20 余人,受到界首市幼教系统高度认可;新华社、"学习强国"、《上海教育》、东方卫视等多次报道我园的生命教育成果;接待全国教育同行万余人次考察观摩;带教外省市骨干园长百余人次,为学前教育的发展作出了突出贡献。

（3）对家庭教育、社区教育和师范教育作出积极贡献

我园首创 0—3 岁婴幼儿父母育儿学校,已有将近 1 万多户家庭参与;首创 2—3 岁的小小班,引领了整个上海市托班的教育形式、环境创设和教育内容;提供 0—3 个月送教上门指导服务,满足了家长的迫切需要;首创 19—24 个月年龄段幼儿全日制班集体教养活动的实验和研究,收集并积累了大量的观察记录和系列活动方案;首创 16—18 个月年龄段幼儿半日制班,邀请家长共同参与教育活动,以帮助小年龄幼儿顺利过渡到全日制班,效果非常明显。

我园还积极参与社会服务活动,如参与康健社区党建联动,义务为康健街道开展"紫薇妈妈讲故事"和 0—3 岁婴幼儿早期教育活动。先后与康健街道、上海师范大学、董李凤美学校、上海市第六人民医院等近 20 家单位签订共建协

议,开展送教上门、开放家长学校、幼小衔接等共建活动,拓展园所社区合作空间。

另外,作为上海师范大学教育实习基地,我园积极承担起基地见习、实习、研习带教任务,培养学前教育人才。作为上海师范大学世承班特聘教授,张爱莲园长在卓越师范生培养上发挥了积极作用。

(4)通过学术节交流、出版发表等产生学术影响

我园在全国、上海市的学前教育年会、家庭教育年会上多次交流,多次承办市级、区级的学前教育年会、学术节。2014 年、2015 年,出版了安全教育研究系列著作,包括《生命起航·安全篇——紫薇实验幼儿园构建幼儿安全教育立体网络研究成果集》《生命起航·安全成长——亲子共读幼儿安全教育绘本》。2017 年,出版生命教育研究系列著作,包括《基于儿童生活世界的多彩生命教育——紫薇实验幼儿园园本化课程实践》《"薇"爱有你——紫薇实验幼儿园生命教育案例集》《基于儿童生活世界的多彩生命教育——紫薇实验幼儿园园本化课程研究》。在《上海教育科研》《上海教育》《教育参考》和《家庭教育指导》等期刊上发表一系列论文,如《特色教育助推教师专业成长的实践探索》《家长进课堂——〈3—6 岁儿童学习与发展指南〉引领下的家园共育模式》《幼儿园家庭生命教育指导的实践与思考》《幼儿中华优秀传统文化教育的实践路径》和《0—6 岁生命教育课程的创建与实施》等。

专家、同行、社会人士眼中的紫薇

在教育同行的眼中,紫薇实验幼儿园是一所充满爱,有丰富的教育内涵,尊重幼儿个体生命价值,引导幼儿全面发展的幼儿园。

原上海市徐汇区教育局局长李骏修说:"我从紫薇实验幼儿园的办园实践中感悟到,教什么、教多少并不重要,重要的是呵护小孩的天性,要会激发小孩的兴趣,要能调动小孩的潜质。"上海市教育科学研究院普教所副所长徐士强说:"紫薇实验幼儿园注重引导孩子学会运动以强健身体,体会做人的道理以成为对社会有用的一员,掌握做事的方法以迎接每一次机遇和挑战……"上海师范大学教育学院陈宁教授说:"紫薇实验幼儿园的教育尊重幼儿个性的发展,注重幼儿的经验提升,丰富幼儿的快乐体验,着眼幼儿的人格成长。这里,爱心滋润着童心,童心播撒着爱心。"在"明远奖"颁奖典礼上,华东师范大学教授、博士

生导师赵中建老师对张爱莲园长这样评价:"她倾情幼教事业,深情爱生爱师,高擎火炬点亮孩子们的诗意人生,挖掘人的生命的无限可能。"

在家长、媒体人眼中,紫薇实验幼儿园也正以生命教育传递教育的力量与价值,给未来带去无限可能。

毕业生蒋海蓉的妈妈说:"紫薇实验幼儿园是孩子成长之梦启始的乐园,是充满爱的家园。"《新民晚报》民生新闻中心主任陆梓华说:"紫薇实验幼儿园的孩子是多么幸运,在这儿,孩子天性中的爱与宽容被最大限度地保留、挖掘、放大,积淀成强大的生命力量。"资深媒体人蒋为民女士说:"紫薇实验幼儿园给了孩子们关于人格、知识、亲情、友情的各种启蒙,他们的大脑和心灵随着身体一起成长。"

(家长 蒋海蓉妈妈)

二、幼儿生命教育的品质再创

(一) 幼儿生命启蒙德育研究的前瞻

1. 生命教育的德育意义

大量的文献研究指出,生命既是德育的原点,也是终点,生命教育是现代德育的必然选择,也是德育价值实现的途径。刘济良和赵荣指出,生命教育是道德教育的核心。[①] 随着对生命教育与道德教育之间关系认识的加深及相关研究和实践的推进,学者们提出了"生命德育"的概念。生命德育作为一种新的德育理念,以新生物学、关怀理论、人本主义心理学等为理论基础。学者们认为,生命德育是回到生命之中,遵循生命之道,关爱生命的教育,[②]它超越了现代德育的功利主义倾向。[③]

幼儿期是生命发展的奠基时期,也是生命教育的启蒙时期。随着生命教育的发展和 2001 年教育部印发的《幼儿园教育指导纲要(试行)》中对幼儿生命和

---

① 刘济良,赵荣.生命教育:道德教育的核心[J].课程・教材・教法,2013(9):96-98.
② 刘慧,朱小蔓.多元社会中学校道德教育:关注学生个体的生命世界[J].教育研究,2001(9):8-12.
③ 冯建军.走向道德的生命教育[J].教育研究,2014(6):33-44.

健康成长的充分强调,幼儿生命教育研究逐渐受到重视。学者强调,儿童期是人生奠基期的胚芽状态,生命立场应是儿童教育的基本立场。① 受生命教育理念和研究的影响,一些幼儿园尝试探索生命取向的德育实践,如生活化德育、②主题性传统道德教育,③体现了对儿童生命价值与实践的尊重。

基于对生命与教育内在关系的深刻认识,我园提出了"德育一体化背景下幼儿生命启蒙德育"的研究课题,关注中华优秀传统文化对教育的浸润。

2. 启蒙德育,解答时代任务,为生命塑魂

(1) 启蒙德育是学前阶段落实立德树人根本任务的必然需求

学前教育阶段应落实立德树人根本任务,培养德、智、体、美、劳全面发展的社会主义建设者和接班人。幼儿教育是立德树人最重要、最基础的教育阶段。幼儿立德树人教育具体体现在:爱的教育(爱自己、爱家人、爱同伴、爱家乡、爱祖国等),文明礼貌教育,好习惯养成教育。学前阶段要落实好立德树人根本任务,启蒙德育的研究迫在眉睫。

(2) 启蒙德育是幼儿生命教育的价值追求

实施生命教育不仅是幼儿发展独特性和全面性的需要,更是幼儿园教育以及社会发展的迫切要求。学者更强调,生命立场是儿童教育的基本立场,这不仅是因为儿童作为区别于其他生物存在的生命特殊性,更是因为其作为人生奠基期的胚芽状态的重要性。④ 尽管人们对生命与道德关系的认识不断加深,生命德育研究也在推进,但道德与生命相互隔离的现象在学前教育实践中依然普遍存在。我们认为,生命教育既是幼儿德育的依据,又是幼儿德育的内容,还是幼儿德育的路径,因而通过生命教育的实践研究来回答幼儿德育何以可能(依据)、过程是何(内容)、以何进行(路径方法)等一系列问题,这对贯彻落实立德树人根本任务,提升幼儿的核心素养,具有重要的价值。

3. 幼儿生命启蒙德育研究的重点

(1) 基于儿童生活,融入生命教育

---

① 刘铁芳,颜桂花.基于生命立场的儿童教育:理想与实践路径[J].学前教育研究,2015(4):15-20.

② 卢素芳,顾红云.幼儿园生活化德育体系的建构与实施[J].学前教育研究,2018(4):64-66.

③ 王晓菊.幼儿园开展传统道德教育的方法及其提升策略[J].学前教育研究,2012(3):70-72.

④ 刘铁芳,颜桂花.基于生命立场的儿童教育:理想与实践路径[J].学前教育研究,2015(4):15-20.

在整体推进幼儿生命教育研究的过程中,我园逐步探索形成了实践导向的幼儿生命教育理论,对浸润式情境体验、基于儿童生活世界、资源整合、家庭—园所—社区协同育人等进行了深度实践与研究,并获得成效。因此,开展幼儿阶段的德育必须立足幼儿生活世界,符合幼儿生活经验;必须充分让幼儿在感知和体验中学习;必须为幼儿构建丰富多元的环境;必须让德育成为家庭、园所、社会共同参与的育人系统,让德育基于幼儿生活,融入生命教育,成为幼儿可见、可触、可听、可感并具有互动性、共情力的教育。

（2）关注传统文化,立足现代生活

幼儿生命启蒙德育必须坚持对优秀传统文化的传承,培养幼儿成为能适应现代社会和应对未来生活的人。一直以来,我园注重在生命教育中融入中华优秀传统文化,在优秀传统文化中滋养幼儿的生命。

（3）整体性推进德育,构建体系化课程

在生命教育中注重全人教育,坚持整体性推进德育的理念,避免将德育工作教条化、片面化,而是将其融入立体化、生活化、生态化的课程构架和实施中。

让师生泪目的一堂课

"你们一定都很爱你们的爸爸,那你们觉得爸爸爱你吗?"在紫薇实验幼儿园的大班,一堂名为"我的爸爸"的生命教育主题课程正在进行。面对老师抛出的提问,有的孩子对爸爸的爱自信满满,有的孩子却怀疑爸爸不够爱自己。爸爸理性、内敛的特点是孩子对爸爸的爱表示怀疑的根源。在平时交流中,老师发现,爸爸很少出现在孩子的话题中,孩子们往往不了解爸爸。

让爸爸与孩子互相并将爱表达出来,是这堂课的主旨。每一名孩子都用iPad与爸爸进行了视频通话,说出了平时没有说过的话,不少孩子流下了感动的眼泪。

在活动中,老师首先问道:"谁愿意介绍一下自己的爸爸?"班级里的孩子都踊跃举手:"我的爸爸是医生。""我的爸爸是警察。"……接着,老师问道:"爸爸有哪些了不起的本领呢?"孩子们的答案更是充满了童真:"我爸爸数学好。""我爸爸做饭很好吃。"……

在夸了各自的爸爸后,老师接着提问:"你们一定都很爱你们的爸爸,那你们觉得爸爸爱你吗?"面对这一问题,孩子们有了不同的答案。有的对此非常有信心,也有孩子觉得爸爸不太爱自己。"我爸爸很严肃,有点儿凶,他经常跟我弟弟玩。"一名女孩怯生生地说,声音很轻。她的爸爸究竟是否爱她?老师带领全班幼儿帮她寻找答案——拨通她爸爸的视频电话。视频中,爸爸起初表情严肃,但得知女儿认为他过于严肃后,这位爸爸咧开嘴笑了,承认自己过分严肃,并对女儿大声说:"你是我唯一的女儿,我很爱你。"最后,女孩也对着镜头说:"爸爸,我爱你。"

"我们希望的是,让爸爸有话对孩子说,更希望爸爸把当孩子面不愿说的话说出来。"园长张爱莲如是说。中国的爸爸大多数是理性的爸爸,更需要将对孩子的爱表达出来。

(澎湃新闻记者　臧鸣)

(二) 生命教育与现代教育技术的有机融合

1. 生命教育与现代教育技术融合的依据

(1) 回应时代发展的需要

2020年《上海市幼儿园信息化建设与应用指南(试行)》出台,对幼儿园信息化建设与应用提出了明确的要求。在新时代的大环境下,要充分利用"人工智能＋教育"的方式,为学龄前儿童营造沉浸式多维感官的活动环境,满足不同学龄前儿童个性化、情境化的游戏活动需求,促进学龄前儿童面向未来必备的综合素养的提升。

《上海市幼儿园信息化建设与应用指南(试行)》坚持"儿童发展、技术赋能、常态应用、融合创新"原则,以幼儿园"保、教、管"的核心任务为主线,按照园所管理、保教实施、卫生保健、家园社区四个方面的工作需求,提出了上海市幼儿园信息化建设与应用的基本要求和发展要求,以幼儿园信息化应用水平为评价准则,引导幼儿园从信息化基本应用水平逐步发展到综合应用水平、创新应用水平,不断提升信息技术在学前教育发展中的效能。

作为《上海市幼儿园信息化建设与应用指南(试行)》的试点单位,我园根据生命教育特色,利用现代化教育信息技术,拓宽生命教育实施的途径,提供沉浸式的学习空间,让幼儿在真实环境下了解、发现、探索生命的奥秘,使生命教育课程立体化、可视化、形象化;利用现代化信息技术,支持教师进行新的课堂环境创设,探索与构建新的学习互动模式;利用现代化信息技术,记录幼儿活动过程,反馈幼儿活动情况,满足教师及时调整活动方案的需求。

（2）回应生命教育特点的需要

① 体验式学习特点

皮亚杰在其认知发展理论中提出,个体的认知发展是个体在与外界环境相互作用的过程中,个体的心理结构或图示不断得到改进、改善的过程。而 3—6 岁的幼儿正处于前运算阶段,此阶段幼儿的思维仍受具体知觉表象的束缚,难以从直觉中解放出来。幼儿的年龄特点决定了他们的经验来自自己的体验。根据皮亚杰的理论,对于 3—6 岁的幼儿来说,操作、互动是促进他们认知不断发展的重要因素。幼儿经验和知识的建构需要通过操作获得,而通过现代化信息技术的运用,能让幼儿在互动体验中不断建构相关认知经验,从而促进幼儿保护生命安全能力的发展,激发幼儿热爱和尊重生命。

② 环境浸润式教育特点

"浸润式教育"是相较于以往的"灌输式教育""填鸭式教育"而言的,是通过幼儿在园一日活动环节的方方面面,让幼儿在体验中进行感悟,在潜移默化中进行生命价值观教育的一种教育方式。环境作为幼儿园教育的重要组成部分,其教育价值不言而喻。我园通过建立智慧互动探究教室及配套课程,利用 AR 技术,打造沉浸式互动环境,为幼儿提供浸润式的游戏化学习环境。通过与墙面的互动、与地面的互动、"走进"会说话的海底世界等,激发起幼儿多种感官体验,帮助幼儿更直观地认识生命。

③ 科学评价的要求

在研究之初,采用的是档案袋评价法,强调生命教育的过程性,注重幼儿的个性化差异,再以评价结果来对生命教育的实施效果进行验证。但是在评价过程中,教师们发现,将现代化信息技术引入幼儿生命教育的评价,不仅有利于教师、家长随时随地运用照片、录像等形式对幼儿进行观察记录,而且有利于充分利用大数据对生命教育进行全面、高效、科学的分析。

2. 融合现代教育技术的途径

（1）将现代科技理念体现在生命教育中

我园坚持信息技术与生命教育深度融合,坚持教育技术服务课程建设的理念。通过"生命·创新"工程,加强加快数字校园建设,促进信息技术与教育教学、园所管理深度融合,积极探索幼儿园智慧生命教育模式,力求通过利用现代化技术,让生命教育成为家长可视、幼儿可触、全员参与的教育,进而促进幼儿的健康发展。例如,气象站建立后,通过现代化信息技术,可以让幼儿直接观察和了解天气情况、气温、雾霾指数等相关信息,感受自然环境与人们生活之间密不可分的关系。

(2)借助现代化技术实现生命教育可视、可触

以多彩生命教育为依据,我园建立了"5G+"虚拟现实多彩生命教育教学平台,打造出教、学、练和人、物、场深度结合的全新远程教学体系。这不仅让生命教育因为虚拟现实技术的应用而变得有趣、高效,也真正实现教育部倡导的全时域、全空域、全受众的教学要求。通过虚拟现实的课程教学,幼儿能身临其境地感受到世界万物生命的存在,如数字技术支持下的"紫薇电视台""紫薇魔法图""会说话的海底世界""会变化的走廊";教师能进一步研究生命教育与儿童生活世界的关联和意义,发挥园所、教师、幼儿的能动性,如线上课程"薇爱系列"凸显了极具特色的多彩生命教育教学内容,在减轻教师工作负担的同时,也切实提高了教育教学效率。

(3)借助现代化技术推动生命教育的可持续发展

幼儿成长画像大数据分析平台的创建,旨在全面记录幼儿的在园表现,让教师和家长能够更全面地了解幼儿在园的一日生活。同时通过智能手环记录和分析幼儿在运动和游戏中的行为数据,并通过手机 APP 和手环之间的相互绑定,进行数据共享。教师能够及时地通过对数据的分析、比较,从纵向和横向两方面了解幼儿的发展情况。家长们也可以通过照片、录像等形式,对幼儿进行观察和记录,使得幼儿的发展评估更加完善、科学。大数据平台推动了生命教育的可持续发展,真正为幼儿的健康成长服务。

幼儿成长数字画像

近年来,紫薇实验幼儿园立足儿童生活世界,依托信息技术,为儿童的生命教育创设了丰富的环境,让环境成为可触摸、可对话、可互动的课程的重要组成部分,如创设的"紫薇电视台""AI 互动墙"等成为孩子最喜欢的环境。

幼儿成长数字画像大数据分析平台依托大数据,帮助教师科学全面地观察了解幼儿,如通过连接幼儿手环,获知幼儿健康数据、情绪认知数据、社交数据

及兴趣探究数据等,为提高幼儿园管理及幼儿教育的水平和效率提供数据支持。

幼儿成长画像大数据分析平台的数据覆盖校内外日常教学、图书借阅、运动检测、语言发展、专题活动等多个方面,旨在全面记录、分析幼儿的在园表现。

目前,已经在大班阶段全面开展的此项工程,有望通过数据采集实现家园合作,共同促进幼儿健康成长。

(教师　宗浩)

我园的生命教育基于儿童生活世界,回归幼儿生活,根植中华优秀传统文化,并借助现代化技术的支持,沿着合乎规律、合乎文化、合乎技术的"三合"之路,不断创新和实践。

(三) 生命教育家园合作进一步深化

未来,我园将进一步深化家园合作,达成教育共识,形成育人共同体,并且打造生态发展学视域下的幼儿生命教育深度合作模式。

1. 现代化信息技术触发家园合作模式变革

随着现代化信息技术的发展,生命教育理念的传播、家庭生命教育实践的指导不再是一个讲座、一份问卷、一个活动推送,而是依托现代化平台,通过直播、家园互动 APP 等多种数字化形式进行传播和指导。通过信息技术,家长甚至也可以自行拍摄家庭生命教育视频,还可以通过微信朋友圈推送生命教育的理念和实践。

2. 幼儿园生命教育引擎发力,探索家园深度合作机制

有效落实立德树人根本任务,不仅需要健全的教育体系、人才培养体系,更需要形成全员育人、全程育人、全方位育人的格局。基础教育作为落实国家教育政策和方针最主要的途径,应充分发挥好育人的作用,协同学校、家庭、社会保障党的教育方针全面贯彻落实。紫薇通过生命教育这个引擎,将继续探索家园深度合作机制。

3. 家园深度合作由平面向立体衍射

在持续二十多年的生命教育实践中,已经构建了家庭、园所、社区共同参与的幼儿生命教育合作机制,然而生命教育不仅要实现幼儿阶段横向生活场域的全覆盖,也需要向幼儿纵向成长空间立体衍射。因此,未来的生命教育将持续

关注联结各个教育主体,借助各种社会力量,拓展生命教育之域。

不懈探索、实验创新,是紫薇实验幼儿园的鲜明特质。展望未来,紫薇人将继续发扬这种特质,从滋根立本到塑魂,实现"生命之树,满庭芳华"的美好愿景。

后　记

　　我的女儿进入紫薇实验幼儿园至今,我一直随她唤张爱莲园长一声"爱莲妈妈"。教养和陪伴孩子五年来,我真诚地感谢女儿赋予了我"妈妈"这个身份。我也相信,如果我们真正站在孩子的角度来考虑,妈妈和老师,尽管身份不同,但却有着同样的责任——培养祖国未来的花朵。但在这个时代,作为一个妈妈,我常常觉得五味杂陈,进退两难。狄更斯(Dickens)在《双城记》的开头写下了这样一段话:"这是一个最好的时代,这是一个最坏的时代;这是一个智慧的年代,这是一个愚蠢的年代;这是一个信仰的时期,这是一个怀疑的时期;这是一个光明的季节,这是一个黑暗的季节;这是希望之春,这是失望之冬;人们面前应有尽有,人们面前一无所有……"百年后,这段话可能依然适用。

　　经济的发展带来物质的富足,我们可以为孩子提供更好的成长环境,却相应地要去承担更加高昂的育儿支出;城市建设为教育教学创造了更好的硬件条件,但也让孩子丢失了向大自然探索的成长空间。

　　社会的发展鼓励女性实现自己的个人理想和职业愿景,但现实中,她们依然时时面临如何平衡家庭与事业的困境;祖辈参与是当下大多数城市家庭的选择,但隔代教养又带来教育理念的重重分歧;社会力量如家政人员和托幼机构的加入虽然提供了便利,但虐童等极端案例也让我们忧心忡忡。

　　英语、舞蹈、绘画……线下培训机构遍地开花,线上教育广告轮番轰炸,庞大而火热的早教市场所折射的是"赢在起跑线上"的育儿焦虑;网络发达为我们提供了更多的渠道去接触育儿知识,但形形色色的"教育专家"和"育儿宝典"充斥网络,又给我们带来了更多的困惑和烦恼……

　　只有真正做了妈妈的人才会明白,所谓母慈子孝、岁月静好都是片刻情怀,生活的真相永远是一地鸡毛。那么,到底是坚持自我,还是随波逐流? 是追求理想,还是向现实妥协? 我相信,如果作为一个五岁孩子的妈妈都有这样复杂的感受,那么伴随紫薇实验幼儿园二十多年发展,见证千万幼儿成长历程的爱莲妈妈一定有更加深刻的感悟和思考。

真正的教育不应该是机械地输入知识技能,而是让学生学会主动地认识自我、认识世界,去参与知识的产生与发展的过程。所以,教育的本质是面向未来的。而这个世界上,真正与时光同行、拥抱未来的,只有生命。这也正是这本书之所以强调"体验生命之韵"的原因所在。

生命教育到底是什么? 谁是生命教育的参与者? 我们如何做好生命教育?本书对国内外生命教育理论,尤其是幼儿生命教育的丰富内涵和深远意义进行了全面阐释、深刻分析,并提出了如何做好生命教育的对策,具有很强的现实意义。在日常琐碎、繁杂的教育教学工作之余,紫薇的老师们还能如此静下心来推进教育科研,去破解难题、引领创新,并凝练成一个个丰富有趣、生动活泼的教学案例,形成可复制、可推广的经验,这确实令我非常感动。

我来自大众传媒行业,没有任何教育学背景或相关的幼儿工作经验,有幸作为一个圈外人,与爱莲妈妈、紫薇的优秀教师们以及许多学识渊博、见地深刻的教育领域专家一起参与本书的起草、编撰工作,对我来说,确实是一段充实、难忘并且获益良多的经历。如果说陪伴孩子度过幼儿园成长的几年时光中,紫薇向我展示的是温馨、友善、活泼、可爱的一面,那么在见证本书诞生的一年时间里,紫薇向我展示了它专业、严谨、团结、高效的另一面。

正因为我是一个圈外人,在参与本书创作的过程中,我才更加深刻地体会到,这绝对不仅仅是一本写给幼儿教育工作者的专业类书籍。以下就是我作为一个圈外人并不专业的心得,大胆和大家交流分享,不足之处也欢迎指正。

首先,尊重生命的规律是教育的基础,引导生命的发展是教育最根本的使命。2020 年寒假期间,紫薇的老师们结合生命教育课程开展了丰富多样的"五个一"人文素养自培活动,其中就包括抄一份《道德经》。"万物之始,大道至简,衍化至繁。"其实,如果通读这部中华经典,你会发现,尊重生命的规律恰恰就是老子所说的"道"。今天,我们在幼儿教育方面曾经或正在经历的许多误区,恰恰是因为没有真正尊重和理解生命发展的规律,而是以成人的主观意志甚至臆断去不恰当地塑造儿童的认知和行为。

　　举个例子,在我女儿刚出生的那段时间,微博上某女星用"哭声免疫法"养育孩子的方法特别火,实际上,她也是听了当时网络上热传的一种育儿理念:为了训练婴儿独立睡觉,无论孩子怎么哭都不抱,孩子哭累了就会自行睡去。但在几年后,这位女星坦言,自己对于这个"坑"很懊悔。

　　没有一个妈妈不想回应孩子的亲密需求,也没有一个孩子不想投入妈妈温暖的怀抱寻求庇护。许多心理学家都用实验证明,在生命的早期阶段,亲子依恋关系是建立安全感的根源,将决定未来很长一段时期甚至一生的人际交往模式和思维方式。除了婴儿期,很多父母还对成长期的孩子进行所谓的"坚强教育",凡事第一步就是让孩子忍住泪水,不要哭。但哭等于不坚强、不独立,这实际上是成年人的自以为是。长期压制孩子的情绪表达,只会削弱生命本能中的共情能力。

　　从0—3岁的起始生命教育课程到3—6岁的多彩生命教育课程,紫薇的生命教育课程体系都是结合幼儿年龄特点和成长规律来设置教育教学内容的。这确实给了我极大的触动:我们只是生命规律的体察者、启发者,而不是规律的制订者,所有超前教育的尝试都是逆规律行之,拔苗助长只会两败俱伤。

　　但大多数80后、90后父母都是独生子女,在生育前并没有旁观兄弟姐妹生命成长的机会,也没有系统、科学地学习生命教育的渠道和平台。所以,我相信这本书能为许多像我这样的新手父母提供重要的理论指导和方向指引。

　　其次,虽然教师是幼儿园办学的主体,但生命教育需要家庭、园所、社区的深入合作、齐头并进,形成育人生态共同体。在紫薇,我们有亲子共读的"漂流书吧",有亲子共演的"新年舞会",有亲子共录的"薇府食坊之二十四节气",还有家校共研的家长沙龙、家长讲座等。家长既是志愿者、指导者,也是观察者、学习者。信任的前提是坦诚,紫薇开放办园,家长主动参与,积极配合幼儿园的各项教育教学和日常运行,也更加深化了彼此的尊重、理解和合作。

　　即使在受新冠肺炎疫情影响被迫闭园的特殊时期,教师和家长也一直通过线上渠道保持互动,同步沟通孩子的成长状况和心理变化,并共同设计开发宅家游戏、亲子运动等。通过多种丰富、深度、体验式的家园互动活动,家长可以真正关注到孩子的健康、认知、品格、情感、审美等不同方面的发展,同时学习和掌握家庭教育的方法,与幼儿园教育形成合力,无缝衔接。

　　呵护生命之花的茁壮成长,更离不开全社会的共同努力。一方面,紫薇充分利用周边社区资源,让孩子们走进身边的派出所、消防站、养老院等,在社会课堂体验多彩人生;另一方面,通过"紫薇妈妈讲故事"以及各种教育讲座、专题活动,向周边社区输出优质的生命教育指导,充分发挥示范、辐射作用。

近年来,青少年自杀率有所上升,校园暴力甚至恶性伤人事件频出,多起虐童和性侵案件被曝光,这些都深深刺痛公众的神经。正因此,我们更需要全方位、全流程的生命教育,通过教育一个孩子来带动一个家庭,辐射整个社会。每个生命个体都是自我与周围生命个体、所处环境的共在,谁都不能独善其身。只有全社会牢固树立敬畏生命、尊重生命的意识,发自内心地理解和认同生命的意义和价值,我们每一个个体生命才会最大限度地得到保障。

最后,生命教育并不仅仅针对孩子,我们需要与孩子共同学习、教学相长。在新冠肺炎疫情前,我最享受早晨入园后手牵手把女儿送进教室的那段路,沿途树木生机勃勃,鲜花绽放,鸟鸣鱼游。孩子会激动地告诉我"叶子变黄了""白雪公主换了位置""走廊墙纸变成了公主城堡"。她用最自在的方式感知自然的美好,毫不吝啬地表达对这个世界的赞美,而这恰恰是我们成人在日复一日的"打工人"生活中渐渐丧失的生命感知。

我非常喜欢雅斯贝尔斯(Jaspers)在《什么是教育》里写的那句话:"教育的本质,是一棵树摇动另一棵树,一朵云推动另一朵云,一个灵魂唤醒另一个灵魂。"从入园开始,我的孩子就已经不再是父母羽翼下不谙世事的雏鸟,反而正在对我反哺。在紫薇浸润式生命教育的旅程中,她表现出来的旺盛的好奇心、观察力、探索欲以及爱心、信心、耐心,折射出大千世界的美好,这无疑为我补上了非常重要的一课。

我们并不是生来懂得为人父母,我们的生命也远未接近圆满。人只有一次生命,而孩子开启了我们生命中的第二次成长。在从女儿、妻子到妈妈角色的转变过程中,我经历过相当长一段时间的心理困惑、焦虑甚至抑郁。一路走来,生活、工作上也发生了诸多风波变故,但在那些难熬的至暗时刻,孩子都是我生命中最耀眼的光。她身上强大的生命力和不断前进的步伐,是所有不确定中的确定,这些点滴的、持续的、丰厚的感动都转化为我面向未来的勇气和希望。中年危机的背后可能是生命觉醒的开始。

我常常能够看到面带微笑的爱莲妈妈和每一个擦肩而过的家长、幼儿打招呼。令人惊讶的是,她总能叫出每一个孩子的名字,对他们截然不同的性格特征了然于胸。她从来不以成人的功利心来判断孩子的能力高低或个性好坏，而是设身处地地根据个体差异为每一个孩子给出未来发展的方向指导。一个园长决定了一个园所的品格，正是这种深层次的修养和胸怀，让紫薇始终践行生命教育的理念，并不断更新深化。

通过一个人教育孩子的方式，最能看出他的人生态度。在紫薇，我渐渐理解，知识技能的提升固然重要，但和那些学科技巧相比，身体健康、精神富足、内心强大才是生命成长的基石，更是所谓的"赢在起跑线"上的真正踏板。从焦虑的"鸡血"妈妈，到坦然的"佛系"老母亲，现在我对孩子的期望反而比入园前更高了，那就是愿她成为一个善良、丰富、高贵的人。

在陪伴孩子生命成长的道路上，无论是妈妈还是老师，都能从孩子的身上汲取勇气和力量，不断思考感悟和自我成长，并因此能够终生与孩子并肩前进，指点迷津，至亲至善，亦师亦友，这难道不是生命所能给予的最好祝福吗？

2020年，对我们每一个人来说，都是不平凡的一年。面对突如其来的新冠肺炎疫情，当一个个鲜活的生命在疫情中倒下，当死神的鼻息近在咫尺，当悲观与恐慌笼罩大地，当最美"逆行者"为我们守住山河无恙，这一切都让人们开始重新审视生命的意义，以及人与人、人与自然的关系。这也更加彰显了这本书应运而生的时代意义。

无论你是因为什么机缘与这本书相遇，我相信一切都是最好的安排。从此，让教育从生活开始，与生命同行。这条路上，我们携手前行，共同成长，继续以追求理想的信念去处世，以脚踏实地的态度去行事。

罗曼·罗兰(Romain Rolland)说："世界上只有一种英雄主义，就是认清生活的真相后，依然热爱生活。"在参与本书创作的过程中，我有幸与一支专业的幼儿教育团队进行深入的交流，收获了许多难以忘怀的震撼与感动。因为孩子，也因为有这样一群热爱孩子的人的不懈努力，我依然相信，我们身处一个最好的时代。

（新华社记者　张梦洁）

图书在版编目（CIP）数据

体验成长之韵：幼儿生命教育的创新实践 / 张爱莲
著. —上海：上海教育出版社，2021.11 （2022.2重印）
ISBN 978-7-5720-1241-9

Ⅰ.①体… Ⅱ.①张… Ⅲ.①生命哲学－学前教育－
教学研究 Ⅳ.①G613.3

中国版本图书馆CIP数据核字(2021)第239236号

责任编辑　时　莉
装帧设计　赖玟伊

体验成长之韵：幼儿生命教育的创新实践
张爱莲　著

出版发行　上海教育出版社有限公司
官　　网　www.seph.com.cn
地　　址　上海市闵行区号景路159弄C座
邮　　编　201101
印　　刷　上海展强印刷有限公司
开　　本　700×1000　1/16　印张 12.75　插页 2
字　　数　202 千字
版　　次　2021年11月第1版
印　　次　2022年2月第2次印刷
书　　号　ISBN 978-7-5720-1241-9/G·0974
定　　价　38.50 元

如发现质量问题，读者可向本社调换　电话：021-64373213